黄金玉米

我国玉米增产潜力问题研究

徐伟平　代瑞熙　杨皓森 著

中国出版集团
研究出版社

图书在版编目（CIP）数据

黄金玉米：我国玉米增产潜力问题研究 / 徐伟平，代瑞熙，杨皓森著．—北京：研究出版社，2021.12
（农业农村产业振兴发展研究）
ISBN 978-7-5199-1116-4

Ⅰ．①黄… Ⅱ．①徐… ②代… ③杨… Ⅲ．①玉米－产业发展－研究－中国 Ⅳ．①F326.11

中国版本图书馆 CIP 数据核字（2021）第 247581 号

出 品 人：赵卜慧
出版统筹：张高里　丁　波
责任编辑：寇颖丹
助理编辑：何雨格

黄金玉米
HUANGJIN YUMI
我国玉米增产潜力问题研究
徐伟平　代瑞熙　杨皓森　著
研究出版社 出版发行
（100006　北京市东城区灯市口大街 100 号华腾商务楼）
北京中科印刷有限公司印刷　新华书店经销
2021 年 12 月第 1 版　2021 年 12 月第 1 次印刷
开本：710 毫米 ×1000 毫米　1/16　印张：10
字数：114 千字
ISBN 978-7-5199-1116-4　定价：49.00 元
电话（010）64217619　64217612（发行部）

目录

第一章

玉米种植面积扩大可能性

玉米播种面积增加或者减少是决定玉米能否增产的重要因素之一。一方面，由于我国人多地少的基本国情，在土地资源这一条件的限制下，玉米作为我国播种面积最大的农作物，常年面临着与工业争地，与其他作物争地的局面，玉米播种面积的增加面临着不小的压力。另一方面，在玉米临时收储政策取消之后，玉米进入市场化改革，政策市场对于玉米收益的托底作用取消，玉米市场价格进入波动较大的阶段，农户种植玉米的收益无法像之前那样能得到有效保障，农户的玉米种植意愿会随着价格波动而随之动荡，能否在农户层面上确保玉米的种植积极性便成了未知之数。在这样的情况之下，通过历史变迁的角度，分析我国农作物的总播种面积、谷物播种面积与玉米播种面积之间的关系，可以把握我国农业以及玉米产业的用地情况，探寻我国玉米播种面积在客观条件上增加的可能性，而另外通过分析近年来玉米种植收益与玉米种植面积的关系，则可以较为有效地把握农户种植玉米的意愿，最终在农户生产决策层面对玉米种植面积的变化有一个较为清晰的认识。本章在客观条件下对玉米的种植面积变化范围以及农户种植意愿两个方面都进行分析之后，最终对我国玉米的播种面积进行一个综合判定。

一、土地资源扩大潜力分析

在农作物的总播种面积方面，1991年以来，虽然我国经济得到快速发展，城镇化水平不断提高，农业产业在国民经济中的地位和比重不断下降，但是由于我国对耕地资源的进一步开发利用，农作物的总播种面积却在不断上涨，1991年我国农作物总播种面积约为1.50亿公顷，之后持续上涨到2016年的1.66亿公顷，并且在这之后也都保持在了这一水平上，这说明虽然我国的城镇化水平在不断推进，但是由于国家对于基本农田等耕地资源有着极强的保护力度，我国的耕地资源并未在城镇化的进程中有过多的流失，反而是保持在了一个稳定的水平。

在谷物播种面积方面，如图1-1所示，有着一个明显的先下降，后上涨再保持稳定的特征。在1991年，谷物播种面积大约为0.94亿公顷，占比全年农作物总播种面积的62.89%，之后谷物播种面积呈现出波动下滑的态势，虽然在部分年份，例如1998年，谷物播种面积有所回升，但是由于整个农作物的总播种面积始终处于上涨态势，所以从占比上来看，谷物播种面积在农作物总播种面积中的占比依然处于下降态势，这一情况持续到了2003年，当年谷物播种面积仅为0.77亿公顷，占农作物总播种面积的比例仅为50.40%，相比1991年下降了12.49个百分点，相当于一年下降一个百分点。针对谷物播种面积不断下降的局面，出于对国家粮食安全的考虑，中央出台了多项农业支持政策，尤其是在粮食产业上，出台了粮食直补、良种补贴、农资综合补贴和农机购置补贴等多项政策，农民种粮收益得到一定保

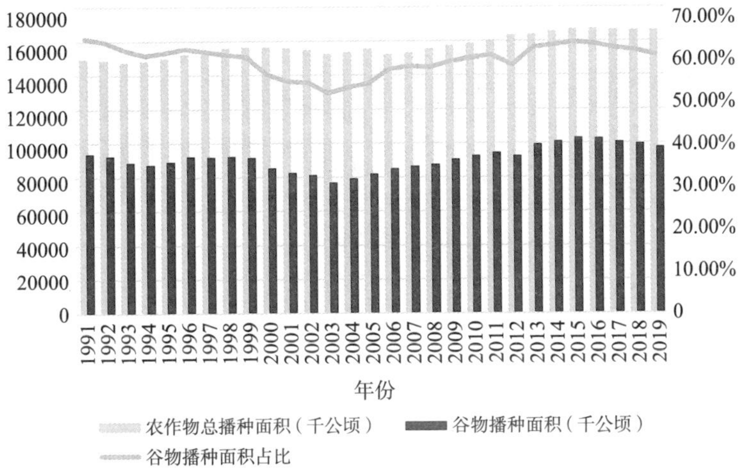

图1-1　1991—2019年我国农作物及谷物播种面积变化情况

障，种粮积极性开始恢复，到2013年，谷物播种面积达到0.99亿公顷，首次将占全年农作物总播种面积的比例恢复到60%以上，虽然在2015年之后谷物播种面积有小幅下滑，但是也长期保持稳定在1亿公顷的水平，占全年农作物总播种面积的比例也保持在60%左右。

在玉米播种面积方面，如图1-2所示，呈现出先增加后下降的特征，1991—2003年，虽然谷物播种面积整体是下降态势，但是玉米播种面积却是在波动中逆势上涨，从1991年的0.22亿公顷上涨到了2003年的0.24亿公顷，虽然占谷物播种面积的比重有明显的上涨趋势，但更多是由于谷物播种面积的下滑导致的。2003年之后，受国家对于粮食产业扶持力度加大的影响，玉米播种面积开始快速增加，到了2015年，玉米播种面积上涨到了0.45亿公顷，相比2003年的水平上涨近一倍，占谷物播种面积的比重也达到了43.56%。之后，由于玉米临时收储政策的

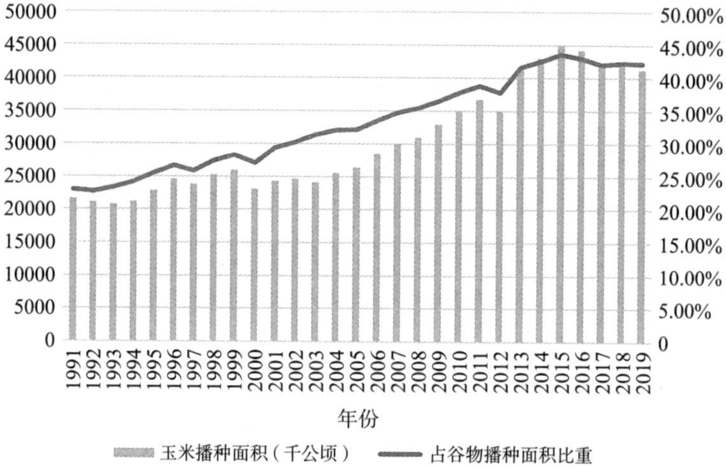

图1-2　1991—2019年我国玉米播种面积变化情况

取消，农户种植玉米收益下降，再加上市场形势和产业发展需求的变化，为了缓解玉米供大于求的矛盾，加快玉米产业的结构调整和区域布局，农业部在2015年出台了《关于“镰刀弯”地区玉米结构调整的指导意见》，其中重点任务就是降低籽粒玉米的播种面积，扩大青贮玉米、大豆、优质饲草、杂粮杂豆、春小麦、经济林果和生态功能型植物等作物的播种面积，目标是降低“镰刀弯”地区玉米播种面积5000万亩①（0.033亿公顷），将“镰刀湾”地区的玉米播种面积保持在1亿亩（0.067亿公顷）左右，在这两项政策的变动和出台下，我国玉米的播种面积在2015年之后开始下降，到2019年下降至0.41亿公顷，但是占谷物播种面积的比重依然保持在42%左右，下滑幅度并不明显，玉米的播种面积依然维持在了一个较高水平上。

① 1亩≈666.7平方米。

综合农作物的总播种面积、谷物播种面积和玉米播种面积的变化来看，近年来，我国农作物的总播种面积和谷物播种面积都表现出了长期增长之后的高位稳定态势，这说明我国农作物的总播种面积和谷物播种面积已经不具备更进一步的增长空间，甚至从近几年这两者的小幅度下降趋势来看，在未来一段时间内，我国农业以及粮食依然会面临与别的产业相互争地的局面。一方面从国家对于耕地资源的保护力度上来看，将耕地资源维持在现有水平还是有很大的把握，但是从另一方面来说，在客观条件上，我国的耕地面积也很难在数量上再有所突破。玉米的播种面积在2003年之后的增长，一方面是来自农作物总播种面积的增长，另一方面则是来自对其他作物的替代，但是在目前总的播种面积较为恒定的情况下，国家也出台了相关政策对玉米进行结构性调整，要减少玉米播种面积，转而支持其他作物，这说明玉米播种面积在未来继续减少将会是一个明显的趋势，在这样的背景之下，玉米的播种面积预计可能仍会有小幅滑坡，但还是会维持在0.41亿公顷左右的水平。

二、农户玉米种植意愿分析

如图1-3所示，我国的玉米种植面积从整体上来看是2015年之前上涨，2015年之后下跌，但是玉米种植收益并未表现出和种植面积一样的变化趋势，在2003年之前，玉米的种植收益与玉米播种面积的挂钩程度相对较高，例如在1991年、1999年，玉米的种植收益处于洼地，直接就导致了当时玉米的播种面积下滑，在1995年前后玉米种植收益较高的年份，玉米的播种面

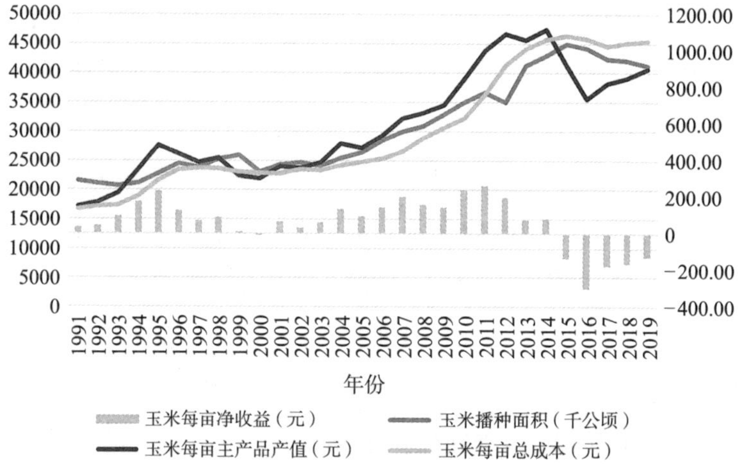

图1-3　1991—2019年我国玉米播种面积及成本收益情况

积也确实表现出了上涨的态势。但是在2003年之后，玉米种植面积一路上涨，虽然在2003—2015年，玉米的种植收益一直为正值，但是种植收益与种植面积这两者之间的关系明显出现了脱钩，例如在2005年，每亩种植净收益仅为95.50元，但是来年玉米种植面积依旧上涨了2105.0千公顷，而在2007年，每亩种植净收益为200.80元，但是来年玉米种植面积仅上涨了957.0千公顷，并且在2011年，每亩种植净收益为263.09元，是自1991年之后最高净收益，但是玉米种植面积却下滑了1737.2千公顷，到了2012年，每亩种植净收益为197.68元，相比2011年有所下滑，但是2013年玉米播种面积却大幅上涨，增加了6269.2千公顷。2015年之后，我国种植玉米每亩净收益一直为负值，但是农户种植玉米的意愿并未受到较大的打击，全国玉米的种植面积也只有小幅滑坡，例如在2016年，种植玉米每亩净收益仅为−299.70元，降幅达到123.4%，但是全国玉米种植面积在来年仅下滑了1779.0千公顷，降幅仅为4%，这说明玉米种植收益对于农户种植意愿的影响程度并没有如此关键。

从经济学的角度来讲，玉米种植收益越高，农户种植玉米的积极性也就会越高，但是由于在现实条件下会受到一些外部因素的限制，例如农户的种植惯性、自然资源条件的限制使得农户没有其他的种植选择。除此之外，还有政府的政策引导等因素，都可能会导致玉米种植收益变化的时候，农户无法有效地进行响应，所以在现实生活中，单纯以玉米种植收益来预估农户玉米种植意愿的做法可能会出现非常有偏颇的结果。农户的种植决策是基于现实条件限制下的决策，从当下的结果来看，虽然玉米种植收益下滑明显，但是农户对于玉米的种植意愿并未遭受同种程度的打击。从另外一个角度来说，虽然种植玉米仍会有国家给予一定的补贴，但是在类似2016年这样的情况下，国家给予的各项补贴也无法完全覆盖农户损失，农户种植玉米是完全的亏损行为，并且在2016年之后，玉米的种植收益也均为负值，这说明无论是在当下玉米种植收益为负值还是玉米种植收益预期为负值的情况下，都无法对农户的玉米种植面积产生较大的负面影响，这也说明从农户种植玉米的意愿来说，我国农户对于种植玉米一直都保持了较为积极的种植意愿，这一意愿在很大程度上保障了我国玉米的种植面积。

为了验证以上结论，分析玉米种植收益与农户玉米种植面积的相关性，本章接下来将使用灰色关联分析法，来验证玉米种植收益和农户玉米种植面积的相关程度，因为当年的玉米种植收益，影响的是农户来年的玉米种植面积，所以选取指标为当年的玉米种植每亩净收益和来年与当年玉米种植面积的变化值，验证在净收益为正或者为负的情况下，是否会明显地影响到农户来年的玉米种植面积。另外单纯地分析玉米种植收益与玉米种植面积之间的关系会显得较为单一，因为农户如果选择不种玉米，也不可能将土地撂荒，而是会选择种植别的作物进行替代，那么就会存在一种可能性，即当玉米的种植收益以及别的替代作物的种植收益都为负值的情况下，农户仍有可能依然选择种植玉米，所以本章还会使用灰色关联分析法，分析玉米和其他替代作物的净收益差值，以及玉米种植面积变化之间的关系，从另外一个角度来补充说明农户玉米种植意愿的变化情况。

（一）玉米种植收益与玉米种植面积的灰色关联分析

首先，来分析玉米种植净收益与农户玉米种植面积变化之间的相关程度，如图1-4所示，选取1991—2019年全国范围内种植玉米每亩净收益与来年玉米种植面积变化，因为2019年缺少

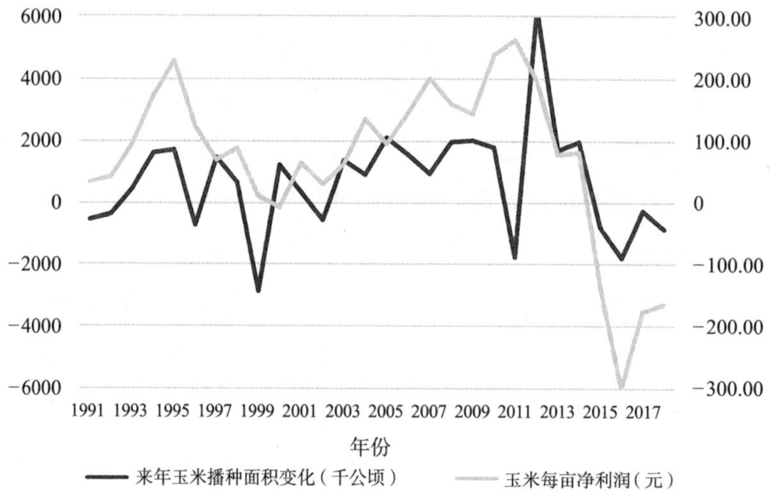

图1-4　1991—2019年全国玉米种植面积及每亩净收益变化情况

差值计算，所以共计28个指标，同时考虑到2008—2015年玉米临时收储政策的存在，可能会对玉米种植收益和农户来年玉米种植意愿之间的关系产生一定的影响，所以将这一时间段的样本单独计算，将整个样本量分成临时收储政策执行期和非临时收储政策执行期，其中，临时收储政策执行期共计8个样本，非临时收储政策执行期共计20个样本。

首先，对临时收储政策执行期的8个样本进行分析，在玉米收储政策执行期间，我国农户玉米种植收益常年收益为正，仅在2015年降低至-134.18元/亩，是唯一负收益年份，其余年份收益都较高，并且在2011年，玉米种植收益为263.09元/亩，是1991年以来我国玉米种植收益最高的年份。这说明在玉米临时收储政策执行期间，我国玉米种植收益确实得到了一定程度的提高。在玉米种植面积方面，2012—2013年，我国玉米播种面积增加6269.0千公顷，是1991年以来年度间玉米播种面积增加最多的年份，但是在2011—2012年，玉米播种面积下降了1737.2千公顷，而在2011年，玉米种植收益是历史最高。因此，单从这一点来看，在玉米临时收储政策执行期间，玉米的种植收益和玉米播种面积之间并无绝对的相关关系。本章采用灰色关联分析法对这两列数据进行分析，结果显示，在相对关联度上，玉米种植净收益和玉米播种面积变化之间的灰色相关系数为0.51，在综合关联度上，这两者之间的灰色综合关联度为0.50，按照一般的衡量标准，相关系数越接近1，表明相关程度越高，而这两者无论用哪种灰色关联分析法计算，最终结果都在0.50左右，所以可以认为，这两者之间，在临时收储政策执行期间，并不存在明显的关联关系。

其次，对非临时收储政策执行期间的20个样本进行分析，其间，1995年是玉米种植净收益最高的年份，达到了每亩230.10元，1996年的播种面积上涨了1722.0千公顷，2016年是玉米种植净收益最低的年份，达到了每亩-299.70元，2017年的播种面积下降了1779.0千公顷。播种面积波动最大的年份分别是1999年和2005年，其中1999—2000年，玉米播种面积下降了2848.0千公顷，1999年玉米种植收益为每亩11.82元，并非收益最低的年份，2005—2006年，玉米播种面积增加了2105.0千公顷，2005年玉米种植收益为每亩95.50元，也并非玉米种植收益最高的年份，从这一点上来说，在非临时收储政策执行期间，玉米的种植净收益与玉米的播种面积变化也不存在较大的关联性。通过灰色关联分析法可得，这两者之间，无论是灰色相对关联度还是灰色综合关联度，结果都为0.50，从这一结果来看，在非临时收储政策执行期间，这两者也不存在明显的关联关系。

（二）替代作物种植收益与玉米种植面积的灰色关联分析

从经济学的角度来讲，农户出于对自身种植收益的追求，在种植决策上，是对多种可种植作物收益比对的结果，换言之，农户玉米种植意愿其实不单单是受到玉米种植收益的影响，更准确地来说，是受到玉米种植比较净收益的影响，当玉米种植的比较收益更高时，农户种植玉米的意愿也就会更加强烈。但是从现实条件的约束来看，这一行为逻辑是否能真实反映在现实生活中农户的种植决策却犹未可知，因此，本章接下来将分析一下玉米与玉米替代作物之间的净收益差值和玉米种植面积之间的关系。

考虑到数据的可获取性，选取黑龙江和河南2004—2018年的数据作为样本，考虑现实中的种植模式，其中黑龙江选取大豆作为玉米的种植替代作物，河南选取小麦作为玉米种植替代作物，分别分析黑龙江大豆和玉米之间净收益差值和黑龙江玉米种植面积的关系，以及河南小麦和玉米之间净收益差值和河南玉米种植面积的关系。

首先对黑龙江进行分析，从图1-5可以看出，黑龙江常年玉米种植收益都大于大豆的种植收益，只有在临储政策取消之后的2016年和2017年，玉米种植收益明显小于大豆种植收益，从面积变化上来看，2016年和2017年也恰好是玉米种植面积减少最为明显的年份，不过在其他年份，这两者之间的走势明显有较大差距。对这两者之间的关系进行灰色关联分析，同样也分为临时收储政策执行期和非临时收储政策执行期，结果显示，在非临时收储政策执行期，灰色相对关联度为0.51，灰色综合关联度为0.50，在临时收储政策执行期，灰色相对关联度和灰色综

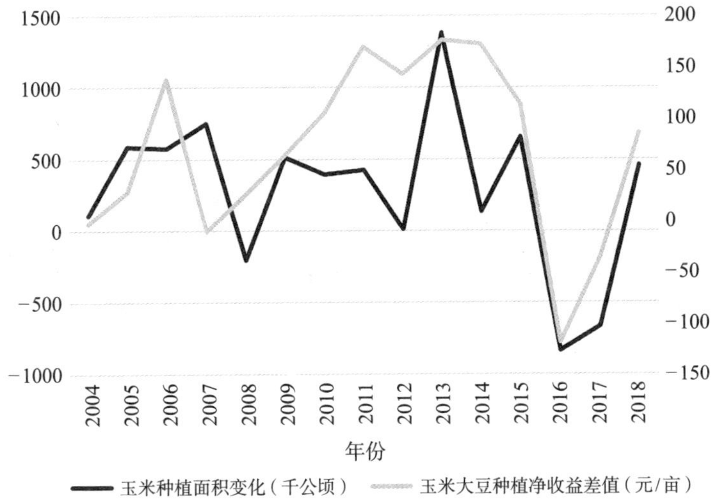

图1-5　2004—2018年黑龙江的玉米种植面积与玉米大豆种植净收益差值变化情况

合关联度均为0.50，这说明大豆与玉米的种植收益差距，也并非影响玉米种植面积的绝对因素。

其次对河南进行分析，从图1-6可以看出，玉米的种植收益也是大于小麦的种植收益，玉米与小麦之间的种植收益与玉米种植面积之间的走势除了2012年之外，其余年份相对来说趋于一致性，进行灰色关联分析之后，结果显示，在临时收储政策执行期间，灰色相对关联度为0.51，灰色综合关联度为0.50，可以说明这两者之间并无明显的相关关系。在非临时收储政策执行期间，灰色相对关联度为0.85，灰色综合关联度为0.68，这说明在非临时收储政策执行期间，农户能够根据市场情况来及时调整玉米种植面积，但是在临时收储政策执行期间，农户对于市场则不具备积极反应的意愿或者能力。河南和黑龙江的这一区别，原因可能在于黑龙江作为我国玉米的主产省份，气候、土壤因素更加适合玉米种植，事实上，黑龙江也确实处于我国玉米的黄金种植

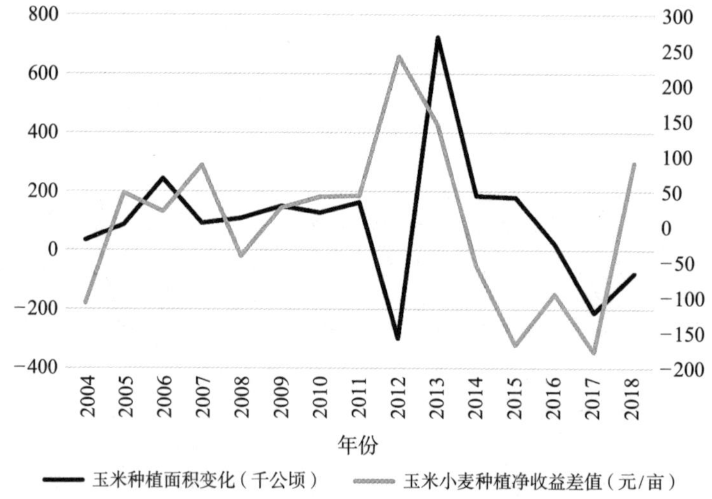

图1-6　2004—2018年河南的玉米种植面积与玉米小麦种植净收益差值变化情况

带，农户对于种植玉米有着较强的种植惯性，而河南玉米种植面积较小，并且是我国小麦的主产省份，河南农户对于玉米的种植惯性并不像黑龙江农户如此强烈，尤其是替代作物为小麦的情况下，河南农户对于玉米的种植面积调整会更加积极。

可以看出，无论是在玉米自身的种植收益变化的情况下，还是与替代作物的收益对比的情况下，也无论是在临时收储政策执行期间还是在非临时收储政策执行期间，农户对于玉米种植的意愿基本都没有受到太大的影响，虽然河南农户在非临时收储政策执行期间对于玉米和小麦之间的种植收益差值反应较为积极，但是从结果来看，河南玉米面积变化最大的年份，玉米种植面积也仅减少了211.5千公顷，在黑龙江等主产省份受影响不大的前提下，河南玉米种植面积的减少量对于我国玉米整体种植面积的影响并不具备较大的影响力度。综上，可以认为，玉米的种植收益变化对于农户的玉米种植意愿确实会带来一定程度的影响，但是考虑到现实条件的约束、农户的种植惯性等因素，尤其是玉米的种植收益常年处于粮食作物种植收益前列的情况下，农户对于种植玉米会表现出较高的收益预期，现阶段玉米种植收益的下滑，其实最终对于农户玉米种植意愿的负面影响并不会太过于明显，

表1-1　　2004—2018年玉米种植面积灰色关联分析结果

地区	关联因素	临时收储政策执行期间		非临时收储政策执行期间	
		灰色相对关联度	灰色综合关联度	灰色相对关联度	灰色综合关联度
全国	玉米种植收益	0.51	0.50	0.50	0.50
黑龙江	玉米与大豆收益之差	0.51	0.50	0.50	0.50
河南	玉米与小麦收益之差	0.51	0.50	0.85	0.68

因此，从农户这一微观层面来讲，我国的玉米种植面积还是能够得到较高程度的保障。

三、小结

本章主要是从我国水土资源的角度分析了我国玉米种植面积的增长潜力，同时从玉米种植收益以及玉米种植比较收益的角度，以全国、黑龙江、河南为样本，分析了我国农户在玉米种植收益下滑的情况下，对于玉米种植意愿的影响情况，结果显示，自2003年我国出台多项农业支持补贴政策之后，我国农作物总播种面积和谷物播种面积都经历了长时间的上涨阶段，但是到近年已经趋于平稳，农作物总播种面积稳定在1.66亿公顷的水平上，谷物播种面积也保持在60%左右的比例，从玉米这个单一品种来看，2015年之前，受益于玉米临时收储政策的效果，玉米播种面积不断走高，但是临时收储政策取消之后，玉米播种面积大幅下滑，再加上国家政策对于玉米的指导性削减，玉米种植面积下滑至0.41亿公顷，考虑到玉米作为三大谷物在国民经济中的地位，以及畜牧业对于玉米需求的增加，即使是日后玉米种植面积再有下滑，也会维持在0.41亿公顷左右。从农户这一层面来进行分析，本章分析了玉米种植收益，替代作物种植收益与玉米种植收益之差和玉米种植面积变化之间的关系，结果显示，除了在非临时收储政策执行期间的河南，玉米收益和玉米比较收益均和玉米种植面积之间没有表现出来较大的相关关系，这说明农户对于玉米的种植决策更多是受到现实条件的约束和种植惯性等因素的影响，所以从这一角度来看，在农户层面上，玉米的播种面积能够得到一定的保障。综合以上两个方面的分析，可以认为，在土地资源约束下，我国玉米播种面积不具备上涨空间，在未来国家对于种植结果调整的政策导向下，我国玉米的播种面积可能还会有一个小幅度的下滑，但是不会有大的下降幅度，同时考虑农户对于玉米还有着较强的种植意愿，可以认为，未来我国玉米的播种面积在国家的引导下，会有小幅削减，但总体播种面积会趋于稳定，不会有太大的波动空间。

第二章

玉米单产增长潜力分析

玉米的增产来源除了种植面积的增大之外，单产的提高也是主要贡献来源，特别是在我国人多地少的基本国情限制之下，单产的提高才是我国未来不仅玉米，也是所有粮食乃至农作物总产提高的关键所在，尤其是在党的十八大提出新时期粮食安全战略以来，该战略提出要调整农业产业结构，加快农业提质增效。在2013年的中央经济工作会议和中央农村会议上都提出了，要实施“以我为主、立足国内、确保产能、适度进口、科技支撑的国家粮食安全战略”，其中科技支撑的最终表现就是对单产水平的提升。2020年，中央经济工作会议强调，保障粮食安全，关键在于落实“藏粮于地，藏粮于技”战略，其中藏粮于地战略就是对于耕地的保护，在我国过去数十年的发展历程中，城镇化的快速推进再加上农村其他产业的快速发展，耕地资源不断向其他产业流失，除此之外还有用地不集约导致的浪费现象，种种原因下，农业用地面积不断减少，藏粮于地战略就是为了控制住农业用地不断下滑的趋势，实行最严格的耕地保护制度和耕地节约制度，确保我国耕地总量，同时通过耕地轮休制度和高标准农田建设来提高耕地质量。但是需要注意的是，藏粮于地战略目前也只是对现有耕地资源的保护和改善，在土地资源的限制下，同时兼顾城镇化及其他产业的发展，耕地资源已经很难回流，耕地面积不会有太大的上涨空间，因此，藏粮于技战略，就是确保粮食稳定供给的另一支柱。藏粮于技战略就是要为粮食生产注入科技的力量，已有经验表明，种质改善、灌溉设施提升、病害防治手段的改进等与粮食生产有关的技术革新或者改善，都可以从一定程度上提升粮食单产，进而提高粮食生产总量，尤其是我国目前的粮食生产，不少地区还都是粗放经营，生产过程中的科技含量与发达国家相比还有很大差距，而差距就是潜力，科技是我们现在的短板，同时也意味着科技是我们粮食生产的主攻方向和突破口，要坚持走依靠科技、提升单产的内涵式道路。为了正确认识各项影响玉米单产水平的因素，同时对我国玉米单产水平的提升空间有一个合理的把握，本章接下来就对影响玉米单产的各项因素进行整理汇总，并使用时间序列分析的方法，对我国玉米单产在未来的增长水平进行测定。

一、玉米单产影响因素分析

玉米作为大田粮食作物，能够影响其单产水平的因素较多，按照自然因素、社会因素、人为因素分类，自然因素主要包括气候变化与自然灾害，社会因素包括城镇化进程、产业政策等，人为因素的种类较多，主要包含耕作技术改进、灌溉行为、化肥农药等生产资料的投入、土地规模等多个方面，接下来本部分就将对这些影响因素进行具体分析。

在自然因素方面，玉米作为农作物，气候变化对于玉米单产造成的影响是必然的，尤其是东北的三省一区，地处我国中高纬度，是地球环境变化最大的季风气候区，此区域气候变化剧烈，农作物生长受气候变化的影响明显，这一点在学术界已经基本达成共识，只是从不同的研究角度或者不同的研究方法出发，气候变化到底是对农作物的单产起到增加还是减少的作用，作用的幅度究竟有多大，不同学者得出的结论有所区别。米娜等（2012）采用了模拟研究的方法研究了未来气候变化对于东北地区玉米单产的影响，最终的结果显示，在气候变化的条件下，东北地区在未来二十年内的单产水平是增加趋势，但是增加幅度较小，在未来四十年内，由于气候变化会转变为对于粮食生产较为不利，所以总体表现为减产，减产幅度为9.5%，但是作者同时也承认，在科技研发取得新进展的情况下，尤其是种质资源获得改善的前提下，所带来的单产增加效应能够很好地抵消气候变化所带来的不利影响，所以单纯考虑气候变化所带来的结论很有可能会高估其负面影响。麻吉亮等（2015）采用面板数据固定效果模型，估计了干旱、降水、气温等因素对河北地区玉米单产的影响，将气候因素对玉米单产的影响进行了更加细致的分析，结果显示，干旱对于单产的负向效果明显，生长期降水量则与玉米单产呈现出明显的正相关关系，温度这一变量对于玉米单产则没有太明显的关系，这说明在应对气候变化上，应该把更多的资金投入灌溉水利这一基础设施上，同时要加强农业气象预报并且提高农民对气候变化的适应性。陈帅等（2016）探究了气温、降水和日照等气候变量对中国粮食生产的影响，研究结果表明，气候变量对于粮食单产都存在先增后减的非线性关系，每一个气候变量对于单产都存在一个最优拐点，而且预计到21世纪中叶，气候条件将会达到最优点，之后气候条件将会对我国粮食生产产生明显的负面影响，并且随着时间的推移，由于气候变化的难预测性和剧烈性，对于粮食生产的负面作用还会持续加大，预计单产最大降幅可能达到16%～19%。解伟等（2019）利用文献计量的方法，对于评估气候变化对于粮食单产的已有研究进行了统计分析，结果表明，气温与单产水平呈现负相关关系，降水则与单产水平呈现正相关关系，这两个气候因素对于单产水平的影响在绝大多数的文献中都达成了共识，其余气候因素对于单产的影响在诸多文献中众说纷纭，存在较大争议。

在自然灾害方面，中国的自然灾害特点显著，具体表现为：灾种的广泛性和集中性，灾情的季节性和地域性，灾害的群发性和伴发性。不仅如此，而且自然灾害发生频率越来越高，自然灾害发生的范围越来越大，自然灾害造成的经济损失越来越严重，随着工业化进程中环境污染的加剧，以及人口剧增对自然资源的过度掠夺，农业自然灾害呈现出新的特点，表现为：大灾次数增加，小灾次数减少；受灾面积和受灾强度加大；灾害发生周期缩短。由于自然灾害对粮食单产的作用毋庸置疑是负向的，所以学者们对于自然灾害的研究重心主要是分析何种自然灾害所带来的危害最大，对于粮食安全又能产生多大程度的影响。杨重玉（2012）分析了自然灾害的发生频率以及对不同粮食作物生产的影响，结果表明，在三大粮食作物中，长期来看，稻谷和小麦的受灾率波动下降，但是玉米的受灾率却是波动上涨，小麦的成灾率波动下降，但是稻谷和玉米的成灾率波动上涨，从危害程度上来看，受灾率和成灾率每增加1%，玉米的单产水平减少幅度都是稻谷和小麦的三倍以上，由此可以看出，玉米在面对自然灾害时的脆弱性是三大粮食作物中最高的。龙方等（2011）在自然灾害对中国粮食产量影响进行了实证分析，说明自然灾害是对于单产影响最大的因素，影响程度远大于社会因素和技术因素，在具体灾害种类上，水灾的影响程度要大于其他灾害，其他灾害的影响程度则要大于旱灾的影响程度，不过由于在统计口径上，将除了水灾和旱灾的自然灾害统一归纳入其他灾害之中，所以从灾情的影响程度上来看，还是水灾最大，旱灾次之。徐祎璠（2012）研究了吉林自然灾害对于粮食单产的影响，从成灾面积上来看，玉米单产与风灾雹灾成灾面积比例的关联度最大，与水灾受灾面积的关联度最低，这说明就玉米这个单一品种而言，要更加注重对于风灾雹灾抵御措施的建立。杜建斌（2020）专门针对旱灾这一灾情研究了其对于中国粮食主产省份的影响，结果显示，新中国成立以来我国东北地区旱灾受灾面积和成灾面积都在逐渐增加，而且随着全球气候不断变暖，在2030—2060年，我国大部分地区干旱发生频率都将大于15%，甚至东北、华北、西南、西北等部分地区的干旱发生频率可能超过25%，旱灾发生后通过影响粮食作物的有效穗数、穗粒数和粒重等产量构成因素指标对粮食单产造成影响，进而会降低粮食总产水平，在旱灾受灾率和成灾率与粮食单产的关系上，13个粮食主产省份基本都表现出了显著或极显著的负相关关系，旱灾受灾率和成灾率较大的年份与粮食单产和总产减产率最大的年份也相对应，表明旱灾确实严重影响了我国粮食单产水平和总产水平。

在社会因素方面，过去数十年间，我国经济取得了快速发展，而对于粮食单产水平影响最大的莫过于城镇化的快速推进，城镇化的发展是在多方面影响我国粮食的单产水平的，具体表现在劳动力转移、农户兼业程度上涨、技术扩散、资金注入、需求升级等多个方面。首先在劳动力转移方面，目前我国共有农民工人数2.8亿，这部分人群出于追求更高收入水平的目的进入城市务工，在乡村的土地则会选择兼业、流转或者被撂荒，从某种程度上来讲，农民工进城务工是对于劳动力资源的一次重新配置，从要素替代的角度上来说，农民工进城之后，粮食生产会加快向机械化方向转变，但是机械化水平的提升有可能只是对劳动力资源短缺进行了一定程度的补充，在规模化作业下，粮食单产水平甚至可能不如农户精耕细作的水平，陆五一（2016）的研究表明，农民工外出务工对于不同粮食作物单产的影响程度不同，对于小麦单产没有太大影响，但是对于玉米则有负向作用，主要是因为机械投入量的增加并无法完全抵消劳动力流失所带来的负面影响，尤其是在丘陵山区等地带，机械化无法快速推广，农户进城对于粮食单产水平会起到负向作用。现实生活中，有些农户进入城市之后，还会在农忙时节返回乡村进行劳作，农闲时节则主要依靠社会化服务对土地进行托管，有些社会化服务落后的地区，只能任由粮食作物自由生长，田间管理会出现一定时间的空缺现象，这无疑对于单产水平也会起到负面作用。除了这些负面影响之外，城镇化的推进还会给乡村带来更多的资金和技术，近年来在国家乡村振兴战略的引导下，政府加大了对乡村的支持力度，也引导很多企业进入乡村产业，这在一定程度上解决了我国传统小农经济缺资金缺技术的窘境，对于提高我国粮食单产有着一定的助力，但是资金和技术的进入也有可能从此改变乡村土地的用途，在实地调研中发现，处于发展乡村产业体系的需求，很多城镇边缘的乡村往往会衍生出乡村旅游、农家乐这样的业态，要素投入方向逐渐向农业和服务业融合的方向转移，发力点并非完全集中在粮食单产之上。其次，城镇化的推进也会影响我国粮食市场的需求结构，农村人口转移为城镇人口，对于粮食的需求特征会发生三个较为显著的转变，第一是粮食需求总量会发生上涨，第二是对于精粮的数量要求上涨，第三是对于肉蛋奶需求的提升也会导致粮食需求中饲用粮的提升，粮食需求在数量和结构上的变化就会对我国粮食生产提出新的要求和挑战，也会倒逼我国粮食产业转型升级，粮食的生产结构布局以及单产能力也会得到进一步的改善和提升。

在产业政策方面，不同的粮食产业政策会通过不同方面来影响农户的行为决策，事实证明，农业补贴政策作为我国粮食产业政策中重要的组成部分，在保障农户种粮积极性和生产过程中的各项要素投入上起到了积极作用，田甜等（2015）认为，财政支农力度是2004—2013年我国粮食产量实现“十连增”的重要因素，并且作用还集中在单产方面。但是也有很多学者认为，粮食直补、良种补贴和农资综合补贴是通过“一卡通”或者“一折通”的方式来打到农户账户上，并不能限制农户的使用用途，所以很难确保补贴政策最终的作用点是在粮食生产之上，但是对于一些贫困的农户而言，补贴的发放确实使得他们能够更加自由地安排农业生产，提高各项生产要素的投入，最终表现为粮食单产的提高。除了对生产要素的影响之外，对于生产结构的影响也是产业政策的效果之一，在2008年国家颁布玉米临时收储政策之后，我国玉米的种植面积持续上涨，2008年玉米种植面积为2.98千万公顷，到了2015年已经达到4.50千万公顷，上涨51%，并且玉米单产水平从2008年的457.2公斤/亩上涨到2015年的488.81公斤/亩，这其中的部分原因就在于玉米临时收储这一产业政策对于玉米价格的保护，使得农户过度追求玉米产量，从而扩大玉米种植面积，同时选择高产出的玉米品种，却忽略了玉米质量的提升。

除了粮食产业政策之外，与粮食生产相关的产业政策也会影响到粮食单产水平的变化。化肥产业政策通过影响农户使用化肥的行为决策，进而影响到粮食单产水平，在21世纪初期到2015年之间，我国对于化肥产业的补贴政策都是集中在养分投入上，主要手段是通过补贴政策来降低化肥价格，从而使得农户在使用化肥时没有成本顾虑，但是这同时也造成了农户在使用化肥时有偏向选择，从科学施肥的角度来讲，化肥和有机肥的合理搭配才是提高肥料效用的有效途径，但是由于产业补贴政策的明显引导性，农户在施用肥料的时候会过度偏向于化肥而减少有机肥的使用，虽然对于单产提高有促进作用，但是也明显加大了环境污染风险。

在人为因素方面，科学技术是第一生产力，也是改善单产水平的主要推动力，具体表现在农业方面，就是品种以及耕作技术的创新或者改良。从长期来看，农作物品种更新是改变粮食单产的最核心因素，周晶等（2013）研究表明在数十年的时间周期内，农作物品种的改善和肥料的使用是粮食单产上涨的最主要因素，但是考虑到肥料使用的投入成本、边际效应和对于环境的污染，品种的改良其实才应该是单产提高目标的长期研究方向。

在耕作技术方面，与传统的粗放式土地耕作方式相比，经过现代科学技术所改善的耕作技术，可以依据土壤特性制定个性化的施肥、翻耕等生产决策，不仅减少了化肥机械等生产资料的投入量，同时也能够提高单位土地上的产出水平，不仅有利于环境的保护，同时也有利于生产效率的提升。蔡荣（2012）就以安徽农户为样本，考察保护性耕作技术对农作物单产因素的影响，通过实证分析，农户自身的教育水平、对于保护性耕作技术的认知以及兼业情况是影响农户采用更为先进的保护性耕作技术的主要影响因素，并且采用保护性耕作技术的农户单产水平要高于不采用保护性耕作技术的农户单产水平的1.3%左右，但是在实证分析的过程中，并没有规避掉自行选择因素，所以采用保护性耕作技术对于单产水平的提升和水平的估计结果可能偏高。

灌溉作为农业生产中尤其是粮食生产过程中不可或缺的环节之一，再加上我国水资源紧缺以及全球气候变化导致旱灾发生频繁的背景，灌溉技术的采用对于粮食单产水平的提高有着极其重要的意义。杨宇等（2016）对于华北平原的调查研究显示，在干旱发生的年份，农户的灌溉频次会明显提高两到三次，但是即便如此，粮食单产的损失比例也在6.6%左右，每提高一次灌溉次数，可以挽回的粮食单产损失在14.2%，换言之，在干旱发生时，如果不增加灌溉频次，干旱年份的粮食单产损失率最高可以达到50%左右，而优良的水利设施虽然不能完全规避干旱所带来的影响，但是却可以在很大程度上降低损失。张益（2020）研究了节水技术采用对于农作物生产的影响，结果显示节水技术的采用不仅能够降低水资源的消耗，滴灌、喷灌以及水肥一体等技术的采用还可以提高农作物对于水分以及养分的吸收效率，这说明灌溉技术的改进不仅能够在灾年抵御损失，在平常年份对于农作物的单产也有明显的增收效果。

生产资料的投入自然也是影响玉米单产的重要因素之一，研究显示，在新中国成立之后，粮食作物的大幅增产，最大的贡献就来自化肥投入量的增加，甚至有学者直接指出，化肥的投入是解决新中国粮食安全问题的根本所在，化肥是粮食的“粮食”。对于化肥的增产作用已经不用做过多赘述，现在我国学术界对于化肥增产的研究主要是集中在负面效应上，主要是因为盲目施用、过度施用对土壤造成有机质下降，土壤板结以及农业面源污染等问题，甚至有些地区化肥使用量超过最佳临界点，造成了农作物产量下滑。朱满德等（2017）使用分位数回归的方法分析了化肥施用强度对中国粮食单产的影响，结果显示中国粮食产量的增加确实在很大程度上来源于化肥的大量使用，但是我国化肥的使用量已经远远超出国际安全标准，并且玉米的使用量在粮食作物中还排名前列，虽然玉米的化肥使用量对于玉米的单产促进效果依然为正向作用，但是边际效用递减的特征已经出现，而在小麦、水稻这两个农作物中已经出现了过度施肥的现象，化肥对于农作物已经不再具备增产作用，这说明如果对于玉米的化肥使用不加以改善，也有可能出现化肥使用量上涨，而产量不增甚至下降的情况。2015年我国出台了《到2020年化肥使用量零增长行动方案》，倡导精准施肥，改变肥料结构，多使用有机肥等，目前来看，确实对于化肥使用量的增加起到了遏制作用，并且从政策的角度来讲，化肥使用量的零增加乃至负增加仍将会是下一阶段的主流，所以提高化肥利用率才是关键所在。从化肥的吸收效率来看，虽然学术界对于这一效率的测算并不统一，但是与发达国家存在15%～20%的差距是可以达成共识的，这说明我国的化肥使用量还有下降空间，通过改善化肥使用方式来提高化肥吸收效率，进而提高粮食单产，这一课题应该是未来我国化肥产业的研究重点。

土地规模虽然不能直接影响粮食生产，但是不同的土地规模会对农户的生产行为决策产生不同的影响。一些学者认为，土地细碎化对于粮食单产会产生负向作用，原因主要有以下几个方面：首先，零散的土地分布会使得农户对于农地投资丧失兴趣，从而阻止了农户对于农田的质量升级；其次，规模较小的耕地面积会使得机械化操作无法展开，而人工劳作又会提高成本，这会导致农户降低田间管理的精细程度；最后，由于农村要素市场往往发育不完善，相较于规模化的土地，细碎的土地往往要承担更高的影子价格，在农户投入成本总量一定的情况下，单价的提高必然会导致生产要素投入量的减少，最终也会表现为单产水平的下降（唐珂，2017）。但是也有部分学者的研究提出了相反的观点，他们认为，规模化生产有利于机械化、信息化等新型农业技术的应用，从而确实可以在一定程度上降低粮食生产的单位成本，但是在大规模生产的情况下，农户出于追求经济效益的根本目的，对于单产的追求意愿并不强烈，单位面积的产出反而不如小规模农户精耕细作来得高。

综上，玉米单产因素受到多方面的影响，学术界现有的研究结论对于我国玉米单产在未来的潜力水平也尚未达成共识，但是可以肯定的是，目前都认为我国的玉米单产水平还有较大的提升空间，这不仅是基于我国当下很多种植管理方面的水平还较低的客观认识，还基于我国现有水平与国际发达国家的对比结果，但是我国的玉米单产到底能达到何种水平，学术界众说纷纭，因此，本章接下来就将用实证计算的方法得出自身结论，希望能为政府决策和学术探讨提供一定的参考价值。

二、关于玉米单产水平的实证预测

目前学术界对于玉米单产水平的预测方法较为多样化，主要包括随机森林回归、气候模拟预测、局部均衡模型等，这些现有的预测方法也确实从不同的角度为我国玉米单产在未来的发展水平给予了一定的预测结果可供参考，但是正如上文所说，玉米单产在未来的发展受到多种因素的影响，并且就目前来说，很多影响因素并无法进行有效衡量，例如农户的种植技术、管理经验等，并无法用一个精确的数据来进行表示，也就无法有效地代入数学模型之中，另外，即使一些影响因素可以有很精确的衡量指标，但是这些影响因素对于单产的影响机制也尚未明确，以气候为例，气候对于玉米单产的影响可正可负，这其中的转折点以及影响程度并无法进行明确测量，除此之外，现有的学术研究很多都是针对某一因素进行专门分析的，忽视了在未来发展变化中，其他因素随时间发展的变化，所以分析以及预测结果很容易出现偏差。综上，就目前的科研水平来看，对玉米单产水平的分析或者预测，更多的是基于一种黑匣子的预测方式，对其中的影响机制往往是依据分析结果来进行补充分析，基于此，本章将选取灰色预测模型来对我国未来玉米单产水平的变化来进行实证分析。

（一）灰色预测模型介绍

在定义上，如果某一系统内的全部信息已知，那么这一系统则为白色系统，如果这一系统内的全部信息都为未知，那么这一系统就为黑色系统，如果存在一个系统介于两者之间，部分信息已知，部分信息未知，那么这一系统就是灰色系统。一般地说现存的大部分系统都属于灰色系统，例如社会系统、经济系统、生态系统都是灰色系统。对玉米的单产水平进行预测分析，由于影响玉米单产水平的因素很多，很多因素无法进行有效观测，也有部分因素对于玉米单产的影响机制不明，也有一些信息已知，所以使用灰色预测模型来对玉米单产水平进行实证分析是合适的。在模型原理上，灰色预测模型是通过对原始数据进行生成处理来寻找系统变动的规律，生成有较强规律性的数据序列，然后建立相应的微分方程模型，从而预测事物未来发展趋势的状况。相比时间序列模型，灰色预测模型能够通过弱化对时间、对原始数据带来的随机性。

在具体的模型选取上，现在学术界对于灰色预测模型的使用上，主要使用三个常见模型，分别为GM模型、DGM模型和VERHULST模型，其中，GM模型属于最基础的模型，也是应用最为广泛的模型，但是其限制在于对单调数列的预测较为准确，对于其他形式的数据分析结果则会有较大误差。DGM模型是在GM模型基础上改进后的模型，主要就是针对变化较为多样的数列进行了改进，在数据波动较为剧烈的数列上，或者单调趋势不是特别明显的数据上，使用DGM模型会比使用GM模型更为合适。VERHULST模型的使用主要是针对S数列，即当数列最终出现明显的平行关系或边际效应递减较为明显的时候，使用VERHULST模型会更为合适。接下来本章将使用我国2000—2020年的玉米单产数据作为基础数据，构建灰色预测模型，进而对未来我国玉米单产水平的走势变化进行分析。

（二）灰色预测模型实证分析

首先使用2000—2020年玉米单产数据作为基础数据来构建模型，数据来源为《中国统计年鉴》中玉米播种面积和玉米总产，单产水平由这二者计算得来。从图2-1中可以看出，我国玉米的单产水平自2000年开始，就保持了一个明显的单调增加的趋势，从2000年的4597.5公斤/公顷，上涨到了2020年的6317.7公斤/公顷，上涨幅度为37.4%。除了2012年，玉米单产水平有了一个明显的增高回落的变化之外，其余年份整体都保持了较为稳定的增长趋势，在此基础上，使用GM模型进行灰色预测分析是合理的，同时为了避免单一模型结果有偏差性，本章还将使用DGM模型和VERHULST模型进行实证分析，与GM模型结果作对比，以增强结果的稳健性。

首先根据2000—2020年这21年的单产数据进行数学回归得到时间相应函数，并依据时间相应函数计算得到模拟值，使用软

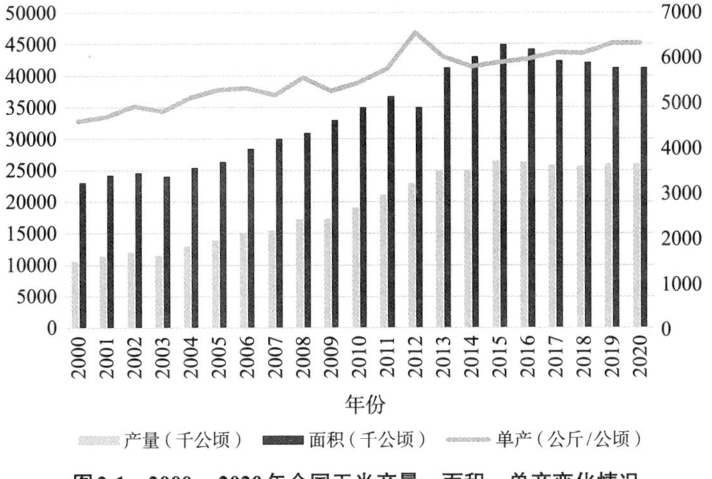

图2-1　2000—2020年全国玉米产量、面积、单产变化情况

件为Main软件中的灰色预测模型程序，具体结果如表2-1所示。从表中可以看出，根据时间相应函数所得到的模拟单产数据与单产数据虽然在各个年份上都有一定出入，但是20个残差值的总和为9.9，平均值为0.5，从模型结果来看，平均相对误差仅为

表2-1　2000—2020年玉米单产数据与模拟单产数据对比

（单位：公斤/公顷）

年份	单产数据	模拟单产数据	残差值
2000	4597.5	—	—
2001	4698.5	4878.7	180.2
2002	4924.5	4950.3	25.8
2003	4812.6	5022.9	210.3
2004	5120.3	5096.6	−23.7
2005	5287.6	5171.4	−116.2
2006	5326.2	5247.2	−79.0
2007	5166.5	5324.2	157.7
2008	5555.7	5402.3	−153.4
2009	5258.6	5481.6	223.0
2010	5453.6	5562.0	108.4
2011	5747.5	5643.6	−103.9
2012	6553.3	5726.4	−826.9
2013	6015.9	5810.4	−205.5
2014	5808.8	5895.6	86.8
2015	5892.9	5982.1	89.2
2016	5967.0	6069.9	102.9
2017	6110.3	6158.9	48.6
2018	6104.2	6249.3	145.1
2019	6316.7	6340.9	24.2
2020	6317.7	6434.0	116.3

2.64，这说明模拟的时间响应函数与实际的单产数据之间拟合程度较高，可以依据此模型和时间响应函数来进行预测分析。

在上文分析和计算的基础上，对我国未来玉米单产水平进行20年时间的跨度，即2021—2040年的灰色预测模型分析，结果如表2-2所示，并且为了避免单一模型所带来的误差，本章还分别计算了DGM模型和VERHULST模型的预测结果，并将结果一并展示以作对比分析。从结果中可以看出，GM模型和DGM模型的计算结果较为类似，从结果来看，都对我国未来玉米的单产水平有较高的预测，其中GM模型的结果表示，在2040年我国玉米单产水平将达到8609.6公斤/公顷，相较于2020年的实际水平，上涨幅度为36.3%。DGM模型结果显示，在2040年我国玉米单产水平可以达到9627.5公斤/公顷，相比较于2020年的水平，上涨幅度为52.8%。两个模型出现这样的结果差异，主要原因在于在模型设定上，DGM模型更加适合进行基础数据变化较为多样的预测分析，所以从结果上来看，DGM模型的预测结果也表现出更大的波动性，表现出了前期预测结果偏小，后期预测结果偏大的特征。依据VERHULST模型的预测结果，我国玉米单产水平在未来的增长潜力空间较小，2040年玉米单产水平预测可得6919.1公斤/公顷，相比2020年的实际水平，上涨幅度为9.5%。相比前两个模型的上涨幅度，VERHULST模型的上涨幅度较低，这也是由于模型设定所导致的结果，依据VERHULST模型的函数设计，假设条件为基础数据最终的增长趋势已经收敛，所以VERHULST模型的预测结果也会处于较低水平。

表2-2　GM、DGM及VERHULST模型对2021—2040年玉米单产的预测结果

（单位：公斤/公顷）

预测年份	GM模型	DGM模型	VERHULST模型
2021	6528.4	6167.9	6374.3
2022	6624.2	6291.1	6421.9
2023	6721.3	6419.5	6466.9
2024	6820.0	6553.2	6509.2
2025	6920.0	6692.4	6549.0
2026	7021.5	6837.4	6586.4
2027	7124.5	6988.4	6621.5
2028	7229.1	7145.6	6654.5
2029	7335.1	7309.4	6685.5
2030	7442.7	7479.9	6714.5
2031	7551.9	7657.6	6741.6
2032	7662.7	7842.6	6767.1
2033	7775.1	8035.3	6790.9
2034	7889.2	8236.0	6813.1
2035	8004.9	8445.0	6833.9
2036	8122.3	8662.0	6853.4
2037	8241.5	8889.0	6871.6
2038	8362.4	9125.5	6888.5
2039	8485.1	9371.4	6904.3
2040	8609.6	9627.5	6919.1

从三个模型的预测结果上来看，GM模型的结果是相对可信的，并且从模型结果上来看，GM模型的结果也是比较稳健的。理由主要有两个方面。首先，从历史经验的角度出发，2000—2020年，我国玉米的单产水平上涨幅度为37.4%，在GM模型预

测的结果下，在2021—2040年这20年时间内，我国玉米的单产水平上涨幅度为36.3%，相比DGM模型上涨幅度为52.8%的预测结果和VERHULST模型上涨幅为9.5%的预测结果，可以看出，GM模型的预测结果更加符合历史规律。其次，在通过历史经验来对比的情况下，需要考虑的首要问题就是边际效应递减规律，即在经历了20年的发展之后，我国玉米的单产水平是否还能够继续像之前20年一样，保持这么高的发展速度，但是从VERHULST模型的结果中我们可以看出，假设玉米的单产水平在未来的增速已经趋近于平缓的条件下，未来20年我国玉米单产的增长幅度只有10%不到，这明显也不符合当下的客观条件和主观认识，这说明我国玉米单产的增长速度还并未放缓，依然有较大潜力，在未来20年的时间内，我国玉米单产水平再增加36.3%的幅度，就目前的条件来说，是一个相对客观公正的认识。一方面，从国际经验上来看，以美国这样的发达国家作为参考标准，2018年美国玉米的单产水平为11340公斤/公顷，但是在2000年前后，美国玉米单产的平均值为8200公斤/公顷左右，这18年的时间内，美国玉米的单产水平每公顷上涨了3000多公斤，涨幅为38.2%，换言之，当美国玉米的单产水平上涨至8000公斤/公顷以上的时候，依然保留了在未来20年上涨38.2%的潜力，而我国当下的玉米单产水平仅为6500公斤/公顷左右，所以从国际经验的角度来看，我国在未来20年的时间内达到35%～40%的增幅也是可以实现的，并且实现难度并不会太高。另外，从玉米单产的绝对水平来看，依据GM模型的结果，在2040年，我国玉米的单产水平预测是上涨到8609.6公斤/公顷，而2018年美国的水平就已经达到了11340公斤/公顷，这就说明了两个问题，第一，8609.6公斤/公顷是绝对可以实现的单产水平，而且并非实验数据，在现实生产条件下，实现这一预测单产水平并没有太大难度，甚至在现实条件下还可以实现更高水平的单产；第二，我国玉米的单产水平相较于美国等发达国家的水平还是落后太多，就目前的水平来看，我国的玉米单产水平几乎仅为美国玉米单产水平的一半，但是从另外一个角度来看，说明我国的玉米单产确实具备很大潜力，在未来二十年甚至更长时间内，我国的玉米单产水平还将会有一个较大程度的提升。

三、小结

总结来看，玉米的单产水平受到多种因素的影响，包括自然因素、社会因素和人为因素等多个方面，其中自然因素主要包括气候变化和自然灾害，社会因素主要包括城镇化推进所带来的各方面影响、粮食产业政策以及与粮食产业相关的产业配套政策等，人为因素包含的方面较广，包含品种研发、耕作技术改良、灌溉设施改善和技术改进、生产资料投入以及土地规模等各个方面，也正因为影响因素的多样性以及影响机制的不确定，导致了玉米单产的不确定性和难以预测，但是依据这一特性，本章选取了灰色预测模型使用2000—2020年我国玉米单产数据作为原始数据，来对我国的玉米单产进行了模拟预测，并且为了确保结果的稳健性，分别使用了三个模型来进行估计，从最终的结果来看，GM模型的结果最为贴近现实，从原始数据的特征上来说，也是GM模型最为合适，所以最终选取GM模型的结果作为本章预测的最终结果，预计在2040年，我国玉米单产水平上涨到8609.6公斤/公顷，涨幅相比2020年上涨36.3%。从历史经验和国际经验两个方面对比来看，历史经验表明，我国在过去二十年间单产的上涨幅度为37.4%，说明在未来二十年我国玉米单产水平再上涨36.3%的这一预测结果是在合理区间内的，以美国为例的国际经验表明，当一个国家的玉米单产水平上涨至8200公斤/公顷的情况下，在未来二十年的发展时间内，依然有充足的空间来让玉米单产水平再次上涨38.2%，而且美国当下的玉米单产水平已经达到了11340公斤/公顷，而根据预测到2040年，我国的玉米单产水平才达到8609.6公斤/公顷，这说明在客观条件下，在实际生产过程中，我国也确实能够实现这一单产水平。综上，本章认为，在2040年预测我国玉米单产水平上涨至8600公斤/公顷左右的水平是合理的。

第三章 全国及主产省区玉米产量潜力预测分析

一、全国玉米产量潜力预测分析

产量是由播种面积和单产水平两个要素决定的，在前两章之中，对我国玉米全国范围内的种植面积和单产在过去数十年间的变化进行了梳理分析，本章就是通过之前对播种面积和单产的分析，将这二者的结果综合起来，最终得到对产量潜力的预测结果。

在播种面积方面，得出结果如下，我国玉米的播种面积在过去数十年间得到了一个快速的增长，但是现如今已经不具备增长潜力，这是基于我国水土资源条件的客观限制。尤其是玉米临时收储政策取消之后，国家开始有意识地去引导玉米播种面积的降低，优化产业生产结构，调整了以“镰刀弯”为代表的各地区玉米种植面积，但是国家政策的引导是基于之前玉米临时收储政策所带来的播种面积过多的政策后果，从实际的市场需求来看，事实上，随着我国玉米饲料需求和工业需求的不断上涨，以及我国居民收入水平的不断提高和饮食观念的不断改善，我国饲料需求在未来还将保持一个较为高速的增长，预计在未来一段时间内，我国玉米的整体供需将保持在3000万吨的缺口。所以，虽然从国家政策的角度来看是削减玉米的播种面积，但是从市场的整体供需形势上来看，我国玉米的供需关系依然是紧平衡并且供给略有不足的一个状态，同时考虑到农户自身的一些局限因素，例如播种习惯、地方水土气候条件限制等因素，农户可能无法很彻底地贯彻国家削减玉米播种面积的政策，并且通过对玉米播种面积历史数据的分析，农户对于玉米的播种依然保持了很高的积极性，这其中最主要的原因在于，农作物的种植收益受到自然和市场的双重风险干扰，因此，农作物种植收益波动剧烈是正常现象，但是将时间线拉长来看，玉米长期以来都是我国粮食作物中种植收益较高的品种，农户对于玉米的收益相较于其他品种来说有着更强的信心，所以从这一点上来看，短时间内玉米收益的下滑，其实并未对农户种植玉米的积极性造成太大的打击，玉米总体的播种面积其实还是维持在了一个较高的水平。依据最终结果，全国玉米的播种面积会稳定在0.41亿公顷左右（6.15亿亩）的水平。

通过对播种面积的分析，可以得知，在播种面积稳定的情况下，单产才是影响我国玉米在未来增产潜力的绝对因素。在单产方面，目前我国玉米平均在6300公斤/公顷的水平，从历史数据的分析来看，我国玉米的单产水平在过去二十年的时间内，经历了一个明显的单调递增的历史阶段，并且这一增长趋势并未收敛，在未来一段时间内，这一单调增长趋势还将继续保持。并且无论是从国内历史经验的角度出发，还是以美国这样的发达国家的历史经验作为参考，都表明，我国在未来一段时间内，单产水平继续保持类似于之前二十年的增速是完全可行的。通过对单产在未来水平的估算，预计我国在2040年单产水平将达到8609.6公斤/公顷的水平，结合对播种面积的判断，经过计算可得，我国在2040年玉米的总产量可以达到35000万吨左右的水平（见表3-1）。

表3-1　　2021—2040年全国玉米产量预测表

预测年份	单产水平（公斤/公顷）	播种面积（千公顷）	玉米总产（万吨）
2021	6528.4	41000	26766.44
2022	6624.2	41000	27159.22
2023	6721.3	41000	27557.33
2024	6820.0	41000	27962.00
2025	6920.0	41000	28372.00
2026	7021.5	41000	28788.15
2027	7124.5	41000	29210.45
2028	7229.1	41000	29639.31
2029	7335.1	41000	30073.91
2030	7442.7	41000	30515.07
2031	7551.9	41000	30962.79
2032	7662.7	41000	31417.07
2033	7775.1	41000	31877.91
2034	7889.2	41000	32345.72
2035	8004.9	41000	32820.09
2036	8122.3	41000	33301.43
2037	8241.5	41000	33790.15
2038	8362.4	41000	34285.84
2039	8485.1	41000	34788.91
2040	8609.6	41000	35299.36

二、主产省区玉米产量潜力分析

玉米临时收储政策取消之后，随着我国对玉米产业市场化改革的开展，玉米产业整体面临一个供求紧平衡的局面，对于玉米供求的调控已经不再局限于原先的以储备粮作为压舱石，通过储备的吞吐来对市场进行调节的思路，在当下以及未来一段时间内，玉米储备数量几近为零的情况下，玉米市场的调节，是对玉米一个市场年度内的调节，要确保在玉米收获进仓之后，对这一年玉米的生产量进行合理分配，通过优化的资源配置，确保这一个市场年度内的每个时间段、每个地区都能够达到玉米市场供需均衡的状态，为了达成这一目标，除了要对全国范围内玉米总量的生产潜力进行预测分析之外，还需要弄清楚我国玉米主产省区的生产潜力，以便在收获之后，更加合理地对玉米的分配调运拟订方案，确保在总量紧平衡的前提下，仍然能够有效保障我国国内玉米市场的稳定，同时对于各个主产省区玉米生产潜力的分析测算，也有利于我国在未来进行玉米产业规划时，能够更加合理地进行布局，做到有的放矢，因地制宜。

本章选取东北、华北黄淮、西北三个地区作为主要研究区域，依据历史上各省区玉米的种植面积，在各个地区选取代表省区进行分析，其中东北包括黑龙江、吉林、辽宁、内蒙古这三省一区，华北黄淮地区选取河南、河北和山东作为研究省份，西北地区选择陕西和新疆作为研究省区。

（一）东北地区主产省区玉米产量潜力分析

1.黑龙江玉米产量潜力分析

从播种面积上来看，黑龙江的农作物播种面积在1991—2011年都保持了一个增长的态势，其中1991—2003年的播种面积增长速度较慢，从8615千公顷上涨到了9551千公顷，在2003年之后，受益于国家对于农业问题尤其是粮食安全的重视，以及出台的一些惠农利农政策，黑龙江作为我国的农业生产大省，同时也是粮食生产大省，农作物播种面积迎来了一个快速增长的阶段，到2011年，农作物总播种面积已经上涨到了13570千公顷，虽然在2012年农作物总播种面积有较大幅度的回落，但是之后又恢复到了之前的高水平，并且都稳定保持在14500千公顷之上的水平。

在谷物播种面积上，和全国的普遍规律类似，在2003年之前，由于种粮比较效益较低等因素，当时的农户种粮积极性普遍不高，在这一阶段，谷物播种面积从1991年的5070千公顷，降低到1993年的4251千公顷，虽然在1999年又恢复到了5491千公顷，但是在2003年，黑龙江作为我国的粮食主产省份之一，谷物播种面积仅为3814千公顷，之后在国家政策的积极引导下，黑龙江谷物播种面积开始恢复，尤其是黑龙江作为我国玉米和大豆的主产省份，受益于临时收储政策的执行，到2015年，谷物播种面积上涨到11384千公顷，之后临时收储政策取消，谷物播种面积开始萎缩，降低至10000千公顷以下的水平。

在玉米播种面积上，2003年之前，黑龙江的玉米播种面积也长期处于低位，常年保持在1800千公顷到2500千公顷的水平之间，2003年之后，黑龙江的玉米播种面积飞速上涨，到2008年国家实行玉米临时收储政策之后，黑龙江成了全国玉米播种面积上涨最快的省份，到临时收储政策取消之前的2015年，黑龙江的玉米播种面积达到7361千公顷，相比2008年的3849千公顷，涨幅接近一倍。临时收储政策取消之后，黑龙江的玉米播种面积出现大幅下滑，2017年降低到5863千公顷，虽然2018年有所回升，但是2019年依然再次回落到5874.6千公顷，结合之前第一章对玉米播种面积的分析，可以预计，在未来黑龙江的玉米播种面积还将持续稳定保持在5800千公顷到6300千公顷的水平。

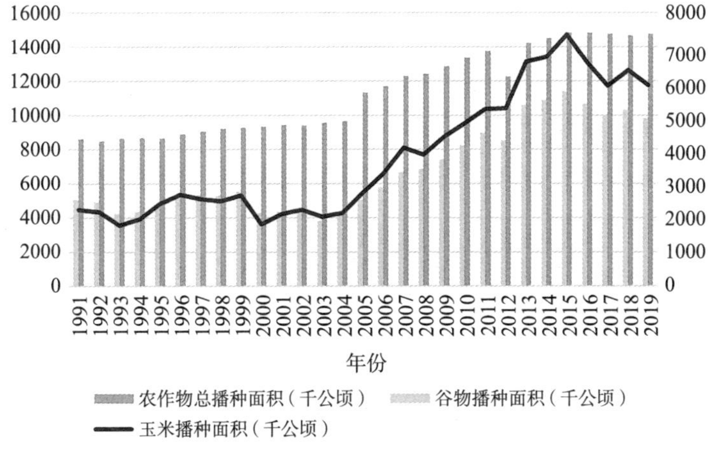

图3-1　1991—2019年黑龙江的农作物、谷物、玉米播种面积情况

在玉米单产方面，黑龙江的玉米单产水平在2000—2009年一直保持着波动上涨的态势，从2000年的4390.9公斤/公顷，波动上涨到了2009年的4613.9公斤/公顷，可以看出这段时间虽然也存在类似于2005年单产水平达到5053.1公斤/公顷的高产年份，但是从整体而言，单产的增长幅度并不明显。2009年之后，黑龙江的玉米单产水平进入了较为稳定的增长阶段，到2019年，玉米单产水平达到6706.5公斤/公顷，2020年稍有回落，但是也保持在6653.2公斤/公顷的高水平上。由于2009年之后黑龙江的玉米单产水平展示出了较为稳定的增长态势，所以我们依然使用灰色预测模型中的GM模型来对黑龙江的玉米单产水平进行预测，结果显示到2040年，黑龙江的玉米单产水平可以达到11246.9公斤/公顷，相比现在的水平，增长了69.0%，明显高于全国水平，这说明黑龙江在未来一段时间内，依然是我国玉米产业发展的重点省份。

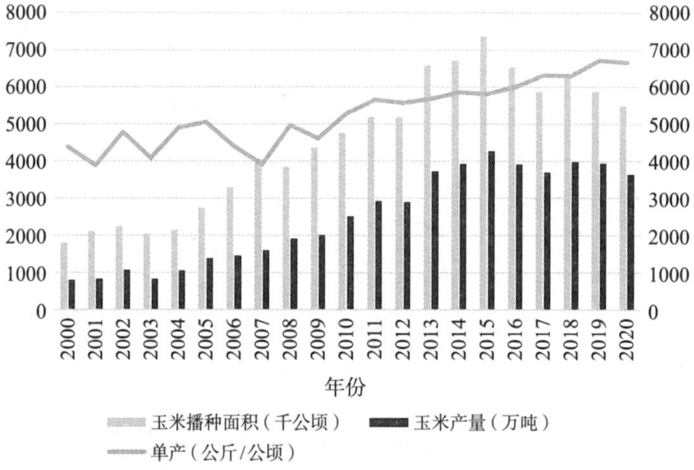

图3-2 2000—2020年黑龙江的玉米播种面积及生产情况

2. 吉林玉米产量潜力分析

从播种面积上来看，吉林的农作物总播种面积自1991年以来经历了一个由稳定转为逐步增长的阶段，第一阶段为1991—2001年，这段时间吉林的农作物总播种面积都一直稳定在4000千公顷至4100千公顷的水平区间内，年份间没有出现较大的波动情况，2001年之后，吉林的农作物总播种面积开始出现明显的增长趋势，从2001年的4045.7千公顷，上涨到2019年的6117千公顷，增长了一半左右，但是自2015年之后，增长速度明显放缓，稳定在了6000千公顷至6100千公顷的水平左右。

谷物播种面积的变化趋势与农作物总播种面积的变化趋势类似，不过变化转折点的年份稍有不同，在2000年之前，吉林的谷物播种面积略有波动，但是整体相对来说都保持稳定，2000年之后开始出现了较为明显的增长趋势，由3044千公顷上涨到了2019年的5194.1千公顷，上涨幅度为70.6%，远超过农作物总播种面积的增长幅度，说明谷物在吉林农业产业中的比重在过去一段时间内持续上涨，不过同样是在2015年之后，吉林的谷物播种面积也逐步稳定在了5100千公顷至5200千公顷的水平上。

在玉米播种面积上，2003年之前，吉林的玉米播种面积长期保持在2500千公顷以下，在2000年还降低到了历史低位的1821.1千公顷，但是在2003年之后，玉米播种面积开始快速上

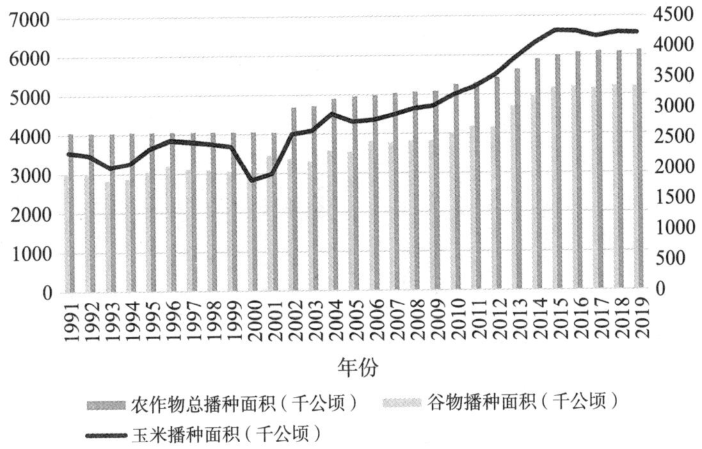

图3-3　1991—2019年吉林的农作物、谷物、玉米播种面积情况

涨，值得一提的是，2008年推出的玉米临时收储政策，并未对吉林玉米播种面积的增长速度起到促进作用，2008年前后，吉林玉米播种面积的增长速度没有太大差别，这也使得2015年玉米临时收储政策取消之后，吉林并未像黑龙江一样出现明显的玉米播种面积回落现象，而是止住了增长趋势，稳定在了4200千公顷的水平上，从农作物总播种面积、谷物播种面积和玉米播种面积这几个方面综合来看，可以认为吉林在未来一段时间内，玉米播种面积还将继续维持在4200千公顷左右的水平上。

在玉米单产水平上，吉林的玉米单产水平波动较为剧烈，并且在过去二十年间的涨幅并不是很明显，这主要原因在于吉林在2001年就已经有了较高的玉米单产水平，达到了6892.9公斤/公顷的高水平，作为对比，黑龙江同样作为东北三省的玉米主产省份，在2020年的时候，玉米单产水平还仅为6653.2公斤/公顷，还比不过吉林在2001年的水平。在2013年和2017年的时候，吉林的玉米单产水平还突破了7800公斤/公顷的水平，虽然在2020

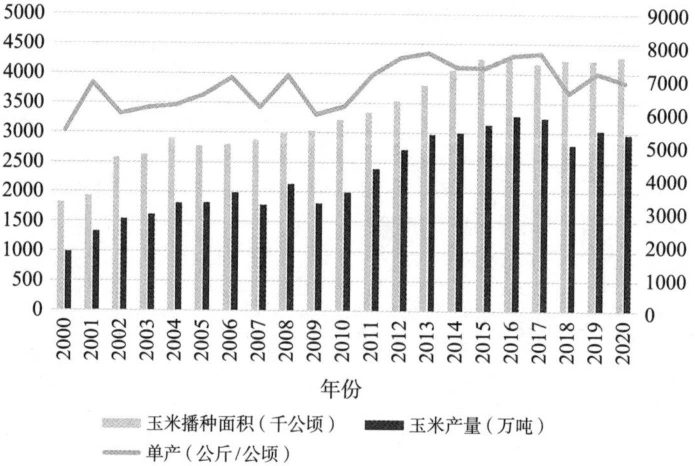

图3-4　2000—2020年吉林的玉米播种面积及生产情况

年的时候，玉米单产水平又回落到了6935.6公斤/公顷，玉米单产水平波动较大，但是这依然说明，吉林的玉米产业具备产出更高单产水平的潜力，使用GM模型预测，在理想状态下，到2040年，吉林的玉米单产水平可以达到8900公斤/公顷左右的水平。

3.辽宁玉米产量潜力分析

在播种面积方面，辽宁的农作物总播种面积在2003年之前都保持在一个相对稳定的水平，常年保持在3600千公顷左右的水平，只有在2003年下滑较为明显，降低到了3476.6千公顷的历史低点，2003年之后，与全国的变化趋势类似，辽宁的农作物总播种面积也开始出现上涨趋势，到2015年，辽宁的农作物总播种面积上涨到历史最高点4335.5千公顷，相比2003年来说，上涨幅度为21.3%，但是在2015年之后，农作物总播种面积开始出现下滑，并且逐步稳定在了4200千公顷的水平上。

在谷物播种面积上，2003年也同样是辽宁谷物播种面积最小的年份，2003年，辽宁的谷物播种面积仅为2251千公顷，作为对比，在1991年，辽宁的播种面积就已经达到了2661千公顷，2003年之后，谷物播种面积开始回升，并且在2005年恢复到了2600千公顷的水平之上，随后逐步提升到了2015年的3477.8千公顷，成为历史最高点，之后谷物播种面积回落到3300千公顷的水平之上，并且在最近几年都保持了一个相对稳定的态势。

在玉米播种面积方面，辽宁的玉米播种面积变化大体依据2003年和2015年两个时间点来将其分为三个阶段，在2003年之前，辽宁的玉米播种面积虽然也有明显的波动现象，但是基本维持在历史水平，最高播种面积也只是1999年的1677.8千公顷，2003年之后，辽宁的玉米播种面积开始不断上涨，到2007年突破2000千公顷，到2015年达到历史最高点2922.4千公顷，2015年之后播种面积开始回落，逐步降低到2600千公顷至2700千公顷的水平区间内。值得注意的是，辽宁不仅是玉米播种面积上涨较快，而且播种面积比例也有很明显的上涨，1991年，玉米播种面积所占谷物播种面积的比例仅为51.5%，但是之后玉米播种面积所占比例持续上升，到2015年已经达到84.0%，之后稳定在了80%左右。综合播种面积来看，辽宁的农作物总播种面积和谷物播种面积都保持稳定，玉米播种面积回落后，所占播种比例也保持得相对稳定，所以预计玉米播种面积在未来还将持续保持在2600千公顷至2700千公顷的水平区间内。

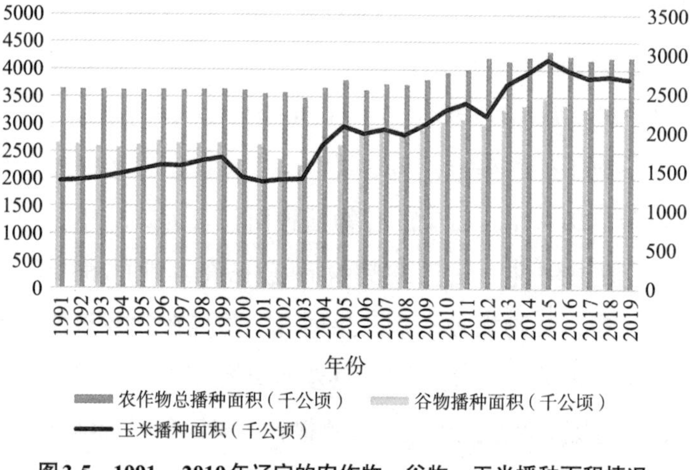

图3-5　1991—2019年辽宁的农作物、谷物、玉米播种面积情况

在玉米单产水平方面，相比黑龙江的玉米单产来说，辽宁的玉米单产水平起步较早，在2001年就达到了6100公斤/公顷的水平，在2004年达到了历史峰值7364.8公斤/公顷，之后玉米单产就一直表现出明显的波动趋势，在2014年玉米单产水平又降低到了5023公斤/公顷的低水平，之后持续波动性恢复，到近几年已经能够相对稳定在6000公斤/公顷的水平之上。依据辽宁玉米单产水平的变化规律，可以判定，与黑龙江不同，辽宁的玉米单产水平已经不具备较高的生长潜力，从模型预测结果来看，辽宁的玉米单产水平到2040年也只是6300公斤/公顷左右，确实没有出现较大幅度的增长，因此如何稳定住已有条件下的高产水平，在未来如何通过高标准农田建设、监测预警系统的建立等手段降低来自自然气候等方面的不稳定因素的影响，将会是辽宁玉米增产稳产的首要问题。

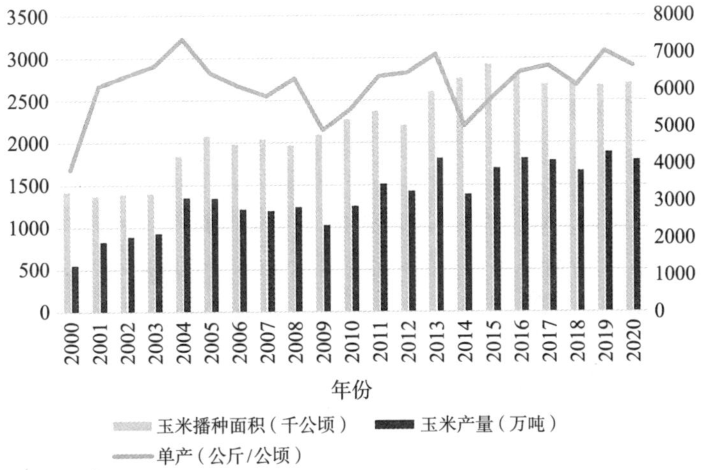

图3-6　2000—2020年辽宁的玉米播种面积及生产情况

4. 内蒙古玉米产量潜力分析

从播种面积上来看，内蒙古的农作物总播种面积自1991年以来一直都表现出稳定的上涨趋势，1991年农作物总播种面积仅为4768千公顷，1995年上涨到5079千公顷，到1999年上涨到6027千公顷，之后波动稳定到2005年，又开始表现出稳定的上涨趋势，到2017年，内蒙古的农作物总播种面积达到历史最高点9014千公顷，之后开始出现下滑，不过也稳定在了8800千公顷至8900千公顷的水平区间内。

在谷物播种面积上，内蒙古的谷物播种面积变化可以分为三个阶段，第一阶段是1999年之前，在这个阶段，内蒙古的谷物播种面积基本呈现出波动稳定的态势，平均每年的谷物播种面积都在3000千公顷至3300千公顷的水平区间内，第二阶段为1999—2003年，这个阶段内，内蒙古的谷物播种面积开始出现下滑，到2003年已经下滑到2434千公顷，第三阶段是2003年以后的稳定增长阶段，到2006年，谷物播种面积恢复到之前第一阶段的水平，达到3024千公顷，到了2016年，谷物播种面积达到5266千公顷，为历史最高点，之后增速放缓，谷物播种面积一直保持稳定。

在玉米播种面积上，内蒙古的玉米播种面积也可以分为三个阶段，第一阶段是2001年之前，这个阶段玉米播种面积呈现出缓慢上涨的趋势，从812千公顷上涨到1519千公顷，增长接近一

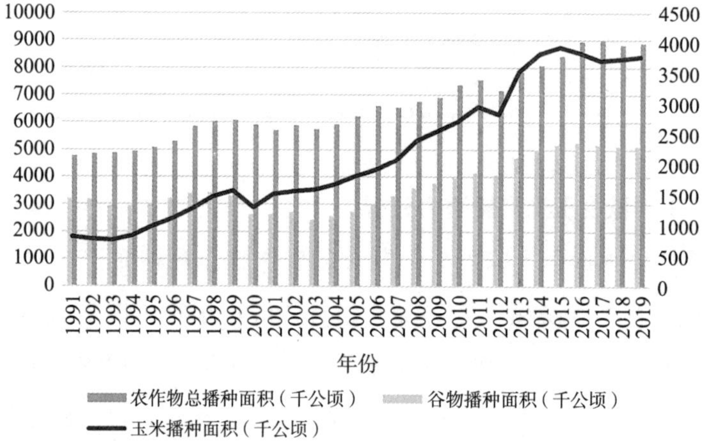

图3-7　1991—2019年内蒙古的农作物、谷物、玉米播种面积情况

倍，第二阶段是2001—2015年，这段时间内，玉米播种面积的增长速度明显加快，从1519千公顷增长到3938千公顷，增长幅度为1.59倍，第三阶段为2016年之后，玉米播种面积增长趋势消失，播种面积开始保持稳定为3700千公顷至3800千公顷的水平区间内。从播种面积的变化上来看，内蒙古的玉米播种面积在未来还将继续保持稳定在这一水平区间内。

在玉米单产水平上，内蒙古的玉米单产水平变化趋势与黑龙江类似，都表现出了稳定的增长趋势，并且内蒙古玉米单产水平的增长趋势更加平缓，波动程度更小，2001年，内蒙古的玉米单产水平为4847.5公斤/公顷，到2020年上涨到7209公斤/公顷，上涨幅度为48.8%，并且这一上涨趋势仍在延续，依据灰色预测模型的预测结果，到2040年，内蒙古的玉米单产水平可以达到10133.3公斤/公顷，这一预测结果在东北三省一区内仅次于黑龙江，虽然内蒙古的玉米种植面积在东北三省一区上仅排

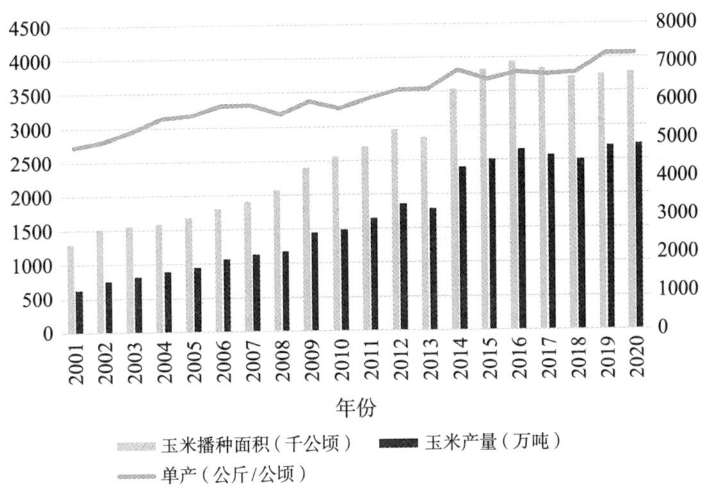

图3-8　2001—2020年内蒙古的玉米播种面积及生产情况

第三，但是从单产水平上来看，内蒙古在未来一段时间内，玉米总产还是有较大的增产潜力。

通过以上对东北三省一区的玉米播种面积和单产水平变化情况的分析，综合来看就可以得到各主产省区玉米总产在未来二十年的变化，这三省一区的玉米播种面积虽然各有不同，但是从整体趋势上来看，这三省一区的玉米播种面积在未来都将保持较为稳定的态势，只是单产在未来的变动趋势有一定差异，因此在计算总产量时，将各省区的玉米播种面积都按照区间内较大值来进行设定，将玉米播种面积设定为固定参数，结合灰色预测模型得出的单产预测值来进行总产的计算，具体结果如表3-2所示。从播种面积的设定上，东北三省一区从大到小排名分别为黑龙江、吉林、内蒙古和辽宁，从单产上来看黑龙江增长潜力最大，内蒙古次之，再次为吉林，最后为辽宁，所以从最终产量的结果上来看，黑龙江将会是东北地区玉米最大的主产省份，内蒙古虽然面积较小，但是由于单产优势，所以总产稍微领先吉林，辽宁单产和播种面积都不占优势，在东北三省一区排名最后。

表3-2　东北三省一区的玉米单产及总产预测分析

（单位：公斤/公顷，万吨）

省区	黑龙江		吉林		辽宁		内蒙古	
播种面积	6300千公顷		4200千公顷		2700千公顷		3800千公顷	
	单产	总产	单产	总产	单产	总产	单产	总产
2021年	6869.3	4327.7	7577.9	3182.7	6302.8	1701.8	7303.3	2775.3
2022年	7076.1	4457.9	7646.4	3211.5	6307.1	1702.9	7430.2	2823.5
2023年	7260.6	4574.2	7715.4	3240.5	6311.3	1704.1	7559.4	2872.6
2024年	7450.0	4693.5	7785.1	3269.7	6315.6	1705.2	7690.9	2922.5
2025年	7644.2	4815.8	7855.3	3299.2	6319.8	1706.3	7824.6	2973.3

续表

省区	黑龙江		吉林		辽宁		内蒙古	
播种面积	6300千公顷		4200千公顷		2700千公顷		3800千公顷	
	单产	总产	单产	总产	单产	总产	单产	总产
2026年	7863.6	4954.1	7926.2	3329.0	6324.1	1707.5	7960.6	3025.0
2027年	8048.1	5070.3	7997.8	3359.1	6328.4	1708.7	8099.0	3077.6
2028年	8257.9	5202.5	8070.0	3389.4	6332.7	1709.8	8239.9	3131.2
2029年	8473.3	5338.2	8142.9	3420.0	6336.9	1711.0	8383.1	3185.6
2030年	8694.3	5477.4	8216.4	3450.9	6341.2	1712.1	8528.9	3241.0
2031年	8921.0	5620.2	8290.5	3482.0	6345.5	1713.3	8677.0	3297.3
2032年	9153.7	5766.8	8365.4	3513.5	6349.8	1714.4	8828.0	3354.6
2033年	9392.4	5917.2	8440.9	3545.2	6345.1	1713.2	8981.5	3413.0
2034年	9637.3	6071.5	8517.1	3577.2	6358.4	1716.8	9137.7	3472.3
2035年	9888.6	6229.8	8594.0	3609.5	6362.6	1717.9	9293.6	3531.6
2036年	10146.5	6392.3	8671.6	3642.1	6366.9	1719.1	9458.2	3594.1
2037年	10411.1	6559.0	8749.9	3675.0	6371.2	1720.2	9622.9	3656.7
2038年	10682.6	6730.0	8828.9	3708.1	6375.5	1721.4	9780.0	3716.4
2039年	10961.1	6905.5	8908.6	3741.6	6379.9	1722.6	9960.2	3784.9
2040年	11246.9	7085.5	8989.0	3775.4	6384.2	1723.7	10133.3	3850.7

（二）华北黄淮地区主产省份玉米产量潜力分析

1.河南玉米产量潜力分析

从播种面积上来看，河南的农作物总播种面积变化大致可以分为三个阶段，第一阶段为1991—1997年，这一阶段河南的农作物总播种面积大体保持在12000千公顷的水平，第二阶段为1998—2016年，这一阶段内，河南的农作物总播种面积稳定上涨到了2016年的14902.7千公顷，第三阶段为2017年及以后，河南农作物总播种面积的增长趋势消失，农作物总播种面积回落到2019年的14676.4千公顷，并在近几年保持稳定。

在谷物播种面积方面，河南的谷物播种面积的变化规律与农作物总播种面积的变化规律类似，在1991—2004年，谷物播种面积基本保持在8000千公顷之下，随后在2005—2016年，谷物播种面积逐年增长至10608.1千公顷，随后在2017年之后，谷物播种面积回落并保持在10200千公顷的水平，从谷物播种面积与农作物总播种面积的比例来看，河南确实是我国的粮食大省，但是谷物播种面积也已经不具备较大的增长空间。

在玉米播种面积方面，1998年之前，河南的玉米播种面积都保持在2000千公顷左右的水平，在1998—2016年，河南的玉米播种面积除了在2012年出现回落之外，基本都保持了稳步的上升趋势，2016年玉米播种面积达到历史最高的4210.5千公顷，随后在2017年，玉米播种面积也出现回落，到2019年降低到3801.3千公顷，并且还会持续降低，预计河南的玉米播种面积回

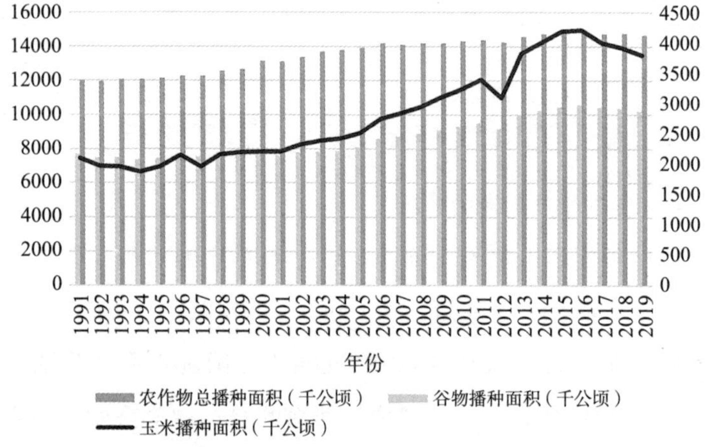

图3-9　1991—2019年河南的农作物、谷物、玉米播种面积情况

落至3500千公顷左右的水平。

在玉米单产方面，河南的玉米单产一直都较为稳定，除了2004年的玉米单产水平较低为3209.0公斤/公顷之外，其余年份的玉米单产水平基本都保持在5000公斤/公顷之上的水平，2007年之后，玉米单产水平更是稳定保持在了5500公斤/公顷的水平之上，在近几年，河南的玉米单产水平又创新高，基本稳定在6000公斤/公顷的水平，依照此规律，河南的玉米单产水平在未来还有一定的增长空间，根据模型预测结果，河南的玉米单产水平在2040年可以达到7271.2公斤/公顷。

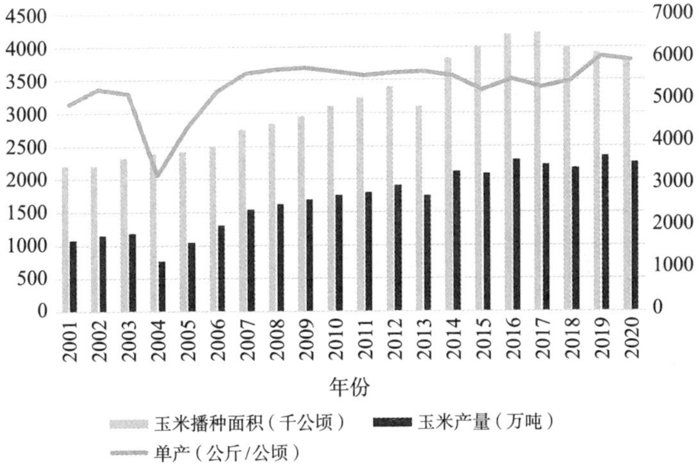

图3-10　2001—2020年河南的玉米播种面积及生产情况

2.河北玉米产量潜力分析

从播种面积上来看，与东北地区不同，河北的农作物总播种面积在1991年就已经处于高位达到了8814.8千公顷，在1991—2006年，河北的农作物总播种面积一直处于波动稳定状态，之后河北的农作物总播种面积不增反降，截至2019年，农作物总播种面积已经下滑至8132.7千公顷，并且下降趋势还在持续。

从谷物播种面积上来看，河北的谷物播种面积同样在1991年就已经达到高位，为5840千公顷，在2003年降低至5184千公顷为历史最低，这一点与全国普遍规律类似，之后谷物播种面积开始回升，但是回升速度缓慢，到2016年，谷物播种面积达到历史最高时，也仅有6490.6千公顷，相比1998年的6244千公顷和1999年的6231千公顷，河北的谷物种植面积从历史对比的角度来讲，并没有明显增加，到2019年，又回落到了6121.7千公顷，这说明在谷物播种面积上，河北确实已经不具备明显的增长空间。

从玉米播种面积上来看，河北的玉米播种面积与农作物总播种面积和谷物播种面积的变化规律不同，在2016年之前，河北的玉米播种面积一直都呈现出了稳定的增加趋势，尤其是在2003年之后，增速还有明显的提升，到2016年河北的玉米种植面积已经达到3696.1千公顷，之后开始回落，降低至2019年的

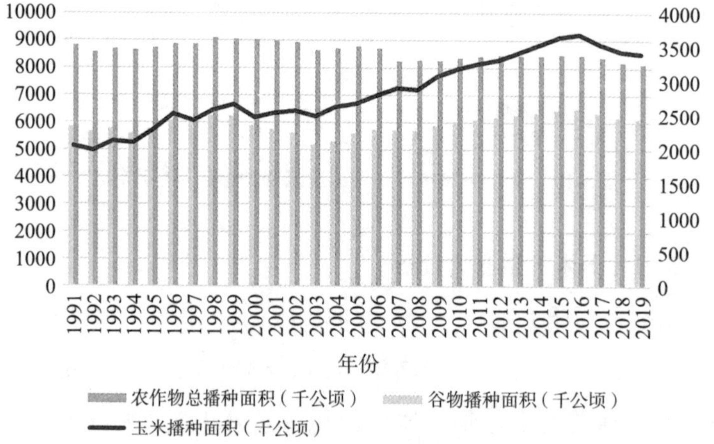

图3-11　1991—2019年河北的农作物、谷物、玉米播种面积情况

3408.2千公顷，这一趋势可能还会持续。结合三种播种面积的变化来看，河北的玉米播种面积在未来几年还将保持一段降低态势，之后再趋于稳定，预计河北的玉米播种面积最终可以稳定在3000千公顷左右。

从玉米单产水平的变化上来看，河北的玉米单产水平在全国主产省中排名并不靠前，河北的玉米单产水平自2001年开始就呈现出了较为明显的单调递增趋势，尤其是在2001—2014年，玉米单产水平由4021.3公斤/公顷，一路稳定上涨到5608.3公斤/公顷，上涨幅度达到了39.8%，之后虽然在2015年和2016年玉米单产水平有一定的回调，但是在2017年之后，玉米单产水平又开始恢复增长，到2020年，河北的玉米单产水平已经达到了5829.0公斤/公顷，并且上涨趋势还在持续，尤其是对比河北与其他省份的单产水平，可以很明显地发现，河北的单产水平在玉米主产省内还处于较低水平，因此从单产这一角度来看，河北的玉米单产水平还有较大的增长空间。从整体趋势上来看，河北的玉米

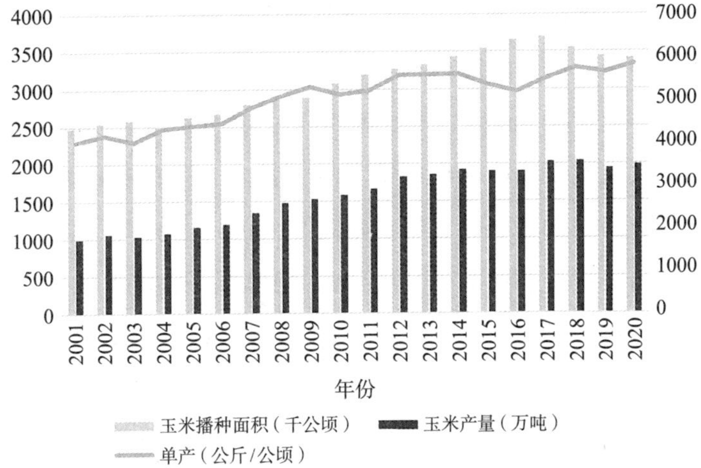

图3-12　2001—2020年河北的玉米播种面积及生产情况

单产水平虽然存在年份间的波动，但是依然还是保持了一个整体单产递增的趋势，根据灰色预测模型的结果，河北的玉米单产水平之后也还会保持持续增长的趋势，预计结果显示，到2040年，河北的玉米单产水平可以达到8491.0公斤/公顷。

3.山东玉米产量潜力分析

从播种面积上来看，山东的农作物总播种面积与之前的省份都有所不同，山东作为我国历史悠久的农业大省，在1991年，农作物总播种面积就突破了10000千公顷，达到了10997千公顷，之后山东的农作物总播种面积也一直维持在这一水平左右，2016年，是山东的农作物总播种面积近数十年来最高的年份，也仅为11278.6千公顷，2007年为近数十年来农作物总播种面积最低的年份，但是依然保持在10724.4千公顷的高位上，这不仅说明山东农业产业发展稳定，而且也说明山东早在数十年前就已经将省内农作物总播种面积进行了全面开发，预计在日后，山东的农作物总播种面积还会继续维持在11000千公顷左右。

在谷物播种面积上，山东的谷物播种面积变化大体可以分为四个阶段，第一阶段是1991—1999年，山东的谷物播种面积基本保持稳定在7000千公顷的水平上，第二阶段是2000—2004年，山东的谷物播种面积持续下滑，到2004年，谷物播种面积已经下滑到5600千公顷，第三阶段是2005—2016年，谷物播种面积开始恢复性上涨，在2010年恢复到之前的7000千公顷的水平上，达到了7052千公顷，除了2012年谷物播种面积有所波动之外，之后谷物播种面积还持续走高，在2016年达到了8256千公顷，第四阶段是2017年及之后，谷物播种面积开始下滑，截至2019年，谷物播种面积已经下滑至8002千公顷，预计未来还会有所下滑。

在玉米播种面积上，山东的玉米播种面积变化大致可以分为三个阶段，第一阶段是2003年之前，玉米播种面积波动稳定，基本保持在2400千公顷至2800千公顷之间，第二阶段是2003—2016年，在这一阶段内除了2012年种植面积有明显的下滑之外，其余年份都保持了稳定的增长趋势，到2016年，山东的玉米播种面积达到了4059千公顷，第三阶段是2017年及以后，玉米播种面积开始下滑，到2019年已经下滑至3846.5千公顷，结合农作物总播种面积和谷物播种面积的变化趋势来看，山东的玉米播种面积在未来预计还会保持一段时间的下滑趋势，玉米播种面积会下滑至3500千公顷左右。

在玉米单产方面，2001年，山东的玉米单产量为6077.1公斤/公顷，之后就一直持续降低到2003年的5201.6公斤/公顷，随后玉米单产水平开始回升，到2009年，玉米单产水平上涨到了6568.9公斤/公顷，之后，玉米单产水平进入波动稳定阶段，

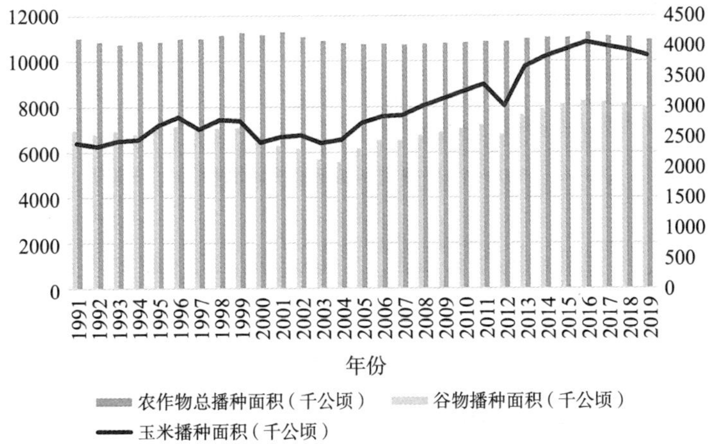

图3-13　1991—2019年山东的农作物、谷物、玉米播种面积情况

到2020年，山东的玉米单产水平为6594.4公斤/公顷，相比之前的历史水平，山东近几年的玉米单产水平已经进入较为稳定的阶段，并没有表现出明显的增长趋势。从近几年的玉米单产水平上来看，山东的玉米单产水平虽然依然是表现出了增长趋势，但是这一趋势并不明显，不过相比之前，仍未恢复到历史最高水平，后续随着科技进步等因素，山东的玉米单产水平还可以实现持续缓慢增长。根据灰色预测模型的结果，山东的玉米单产水平之后也还会保持持续增长的趋势，预计结果显示，到2040年，山东的玉米单产水平可以达到7653.4公斤/公顷。

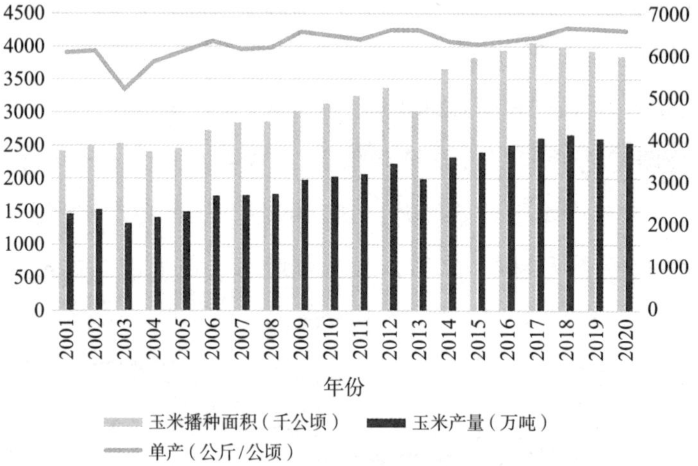

图3-14　2001—2020年山东的玉米播种面积及生产情况

通过对河南、河北和山东三个华北黄淮地区的主产省份的分析，可以认定，相对于东北地区来说，区别最大的就在于面积的变化趋势，东北地区近几年虽然因为国家政策引导产业结构的调整，导致玉米播种面积有所下滑，但是下滑趋势已经有明显止住的现象，随后会保持稳定，但是在华北黄淮地区，玉米播种面积在未来几年内还将继续下滑。不过从玉米单产水平的变化上来说，华北黄淮地区三个主产省份虽然玉米单产水平差异较为明显，河北的玉米单产水平增速明显高于山东和河南，但是从趋势上来看，三个省份都表现出了较为明显的上涨趋势。依据以上分析，设定河南的玉米播种面积逐步下滑至3500千公顷，河北的玉米播种面积逐步下滑至3000千公顷，山东的玉米播种面积逐步下滑至3500千公顷，玉米单产水平的预测结果以灰色预测模型的结果为准，得出具体结果如表3-3所示。虽然河北目前的玉米单产水平落后于山东，但是河北有较为强劲的增长潜力，预计在2031年，河北的玉米单产水平可以超越山东，不过河南和山东的玉米播种面积大于河北，所以从总产量上来讲，在华北黄淮地区河南和山东依然是最主要的玉米主产省份。

表3-3　　华北黄淮三省玉米单产及总产预测分析

（单位：公斤/公顷，万吨）

省份	河南		河北		山东	
播种面积	3500千公顷		3000千公顷		3500千公顷	
	单产	总产	单产	总产	单产	总产
2021年	5929.7	2075.4	6065.3	1819.6	6741.2	2359.4
2022年	5933.7	2076.8	6173.6	1852.1	6786.4	2375.2
2023年	6058.4	2120.4	6283.9	1885.2	6831.9	2391.2
2024年	6123.8	2143.3	6396.2	1918.9	6877.7	2407.2
2025年	6189.9	2166.5	6510.5	1953.2	6923.8	2423.3
2026年	6256.7	2189.8	6626.8	1988.0	6970.0	2439.5
2027年	6324.2	2213.5	6745.1	2023.5	7016.9	2455.9
2028年	6392.5	2237.4	6865.6	2059.7	7063.9	2472.4
2029年	6461.4	2261.5	6988.3	2096.5	7111.3	2489.0

续表

省份	河南		河北		山东	
播种面积	3500千公顷		3000千公顷		3500千公顷	
	单产	总产	单产	总产	单产	总产
2030年	6531.2	2285.9	7113.1	2133.9	7158.9	2505.6
2031年	6601.7	2310.6	7240.2	2172.1	7206.9	2522.4
2032年	6672.9	2335.5	7369.6	2210.9	7255.2	2539.3
2033年	6744.9	2360.7	7501.2	2250.4	7303.8	2556.3
2034年	6817.7	2386.2	7635.2	2290.6	7352.7	2573.4
2035年	6891.3	2412.0	7771.6	2331.5	7402.0	2590.7
2036年	6965.6	2438.0	7910.4	2373.1	7451.6	2608.1
2037年	7040.8	2464.3	8051.8	2415.5	7501.5	2625.5
2038年	7116.8	2490.9	8195.6	2458.7	7551.8	2643.1
2039年	7193.6	2517.8	8342.0	2502.6	7602.4	2660.8
2040年	7271.2	2544.9	8491.0	2547.3	7653.4	2678.7

（三）西北地区主产省区玉米产量潜力分析

1.陕西玉米产量潜力分析

从播种面积上来看，与全国其余玉米主产省份不同的是，陕西的农作物总播种面积自1991年以来展现出了持续缓慢衰减的趋势，1991年的时候，陕西的农作物总播种面积达到了4883.3千公顷，到2006年，农作物总播种面积跌破4000千公顷，达到了3983.5千公顷，之后总播种面积虽然有所回升，但是也始终未能恢复到1991年的水平，2013—2019年，陕西的农作物总播种面积一直停留在4100千公顷左右的水平，考虑到陕西地处我国西北地区，经济发展水平较为落后，城镇化还将继续推进，从这样的外部条件出发，预计之后一段时间内，陕西的农作物总播种面积也无法回升到之前的水平，还将持续保持在4100千公顷左右的水平上。

在谷物播种面积方面，陕西的谷物播种面积与农作物总播种面积的变化趋势类似，1992年是陕西谷物播种面积最高的年份，达到3335千公顷，之后持续下滑，到2001年跌破3000千公顷，达到2798千公顷，在2013年跌破2500千公顷，达到2438千公顷，之后谷物播种面积有一定回升，但是回升幅度并不明显，到2017年谷物播种面积再次跌破2500千公顷，达到2484千公顷，并且到2019年，谷物播种面积也依然保持在2500千公顷以下的水平，从谷物播种面积变化的趋势来看，结合农作物总播种面积的变化，陕西的谷物播种面积在未来一段时间内依然不会有明显的回升，预计会持续保持在2500千公顷左右的水平。

从玉米播种面积来看，虽然陕西的农作物总播种面积和谷物播种面积衰减，但是玉米播种面积在整体上却表现出了缓慢增长

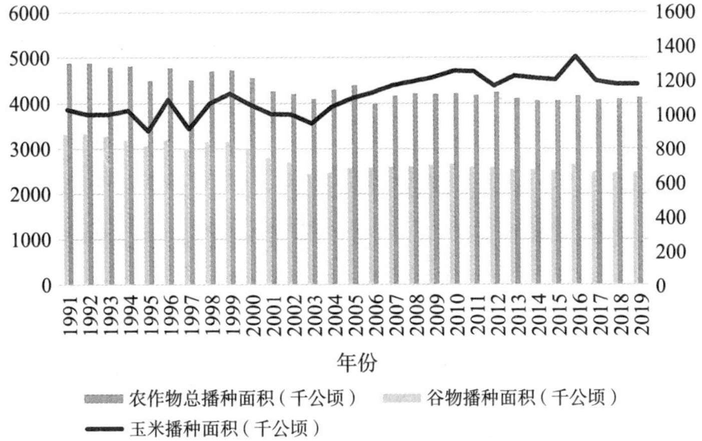

图3-15　1991—2019年陕西的农作物、谷物、玉米播种面积情况

的趋势，在1991—2004年，玉米播种面积虽然有明显的波动变化，但是一直保持在900千公顷至1100千公顷的水平区间之内，之后，玉米播种面积开始展现出缓慢上涨的态势，到2006年突破1100千公顷，达到1130千公顷，到2016年，达到近数十年玉米播种面积历史最高位，为1342千公顷，之后玉米播种面积开始回落，不过近几年都保持在1180千公顷左右的水平，参考之前玉米播种面积的变化趋势，较为乐观地估计，陕西的玉米播种面积未来可以达到1200千公顷。

从玉米单产水平上来看，陕西的玉米单产水平在很长一段时间内都保持了稳定的增长趋势，到2014年，陕西的玉米单产水平达到了当时的历史最高水平5032.6公斤/公顷，虽然2015年玉米单产水平有所回落，降低到4674.4公斤/公顷，但是玉米单产水平在之后的几年内又持续回升，到2020年，陕西的玉米单产水平又上涨到了最新的历史最高水平，达到了5178.8公斤/公顷，从历史经验的角度来讲，陕西的玉米单产水平依旧还有较高的增

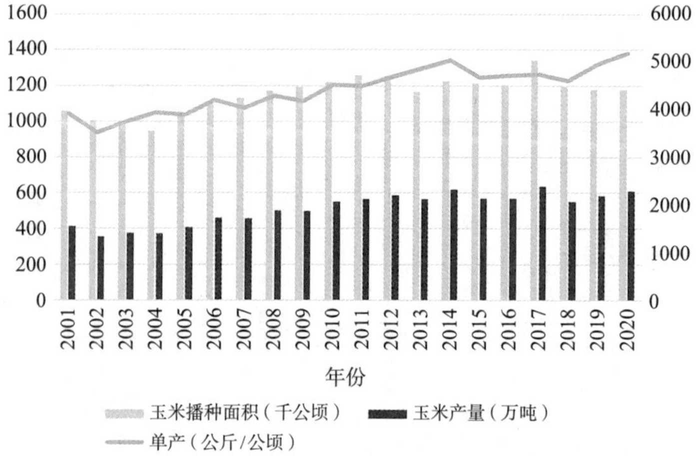

图3-16　2001—2020年陕西的玉米播种面积及生产情况

长潜力，依据灰色预测模型的结果，到2040年，陕西的玉米单产水平可以达到7191.0公斤/公顷的水平。

2.新疆玉米产量潜力分析

从播种面积上来看，新疆的农作物总播种面积在1991年之后，得益于基础设施改善、农业技术推广等多方面因素，得到了快速增长，1991年，新疆的农作物总播种面积为3036.1千公顷，之后到1996年保持稳定，在1996年之后，播种面积开始快速上涨，直到2016年，农作物总播种面积上涨到了6217.3千公顷，增长一倍有余，之后农作物总播种面积的增长速度开始放缓，但是在近几年基本保持在了6200千公顷左右的水平。

从谷物播种面积上来讲，由于新疆并非我国粮食的主产地区，增加的农作物总播种面积多用于棉花等经济作物的面积扩大，所以谷物播种面积虽然有所增加，但是增长幅度远不及农作物总播种面积的增长幅度，1991年，新疆的谷物播种面积达到了1741千公顷，之后开始逐年波动下滑，到2003年，谷物播种面积降低到1202.6千公顷，随后在国家政策的引导下，谷物播种面积开始恢复，到2016年，增长到2341.9千公顷，之后谷物播种面积开始下滑，近几年都保持在了2100千公顷左右的水平。

在玉米播种面积方面，新疆的玉米播种面积在过去数十年的变化可以划分为三个阶段，第一阶段为2007年之前，这一阶段内，新疆的玉米播种面积保持缓慢增长，从1991年的437.0千公顷上涨到509.8千公顷，第二阶段为2007—2015年，这一阶段内，新疆的玉米播种面积增速加快，从2007年的509.8千公顷上涨到了2015年的1067.7千公顷，增长超过一倍，第三阶段为2016年及之后，新疆的玉米播种面积开始缓慢回落，到2019年

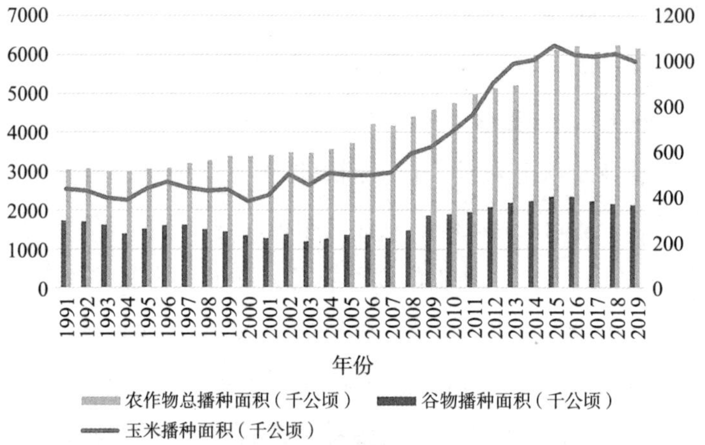

图3-17　1991—2019年新疆的农作物、谷物、玉米播种面积情况

玉米播种面积已经跌破1000千公顷，达到997.2千公顷。综合三个播种面积来看，以种植潜力而论，新疆的玉米播种面积在未来依旧有保持在1000千公顷的可能性。

在玉米单产水平上，新疆的玉米播种面积虽然在全国玉米主产省份中排名较后，但是玉米单产水平在全国范围内排名前列，在2004年，新疆的玉米单产水平就已经达到了8000公斤/公顷的水平之上，到2016年，玉米单产水平突破了10000公斤/公顷的水平，达到10210.7公斤/公顷，之后，虽然在2017年，玉米单产水平出现了断崖式下滑，降低至7459.5公斤/公顷，但是依然高于当年的全国平均水平，之后玉米单产水平又开始回升，到2020年，玉米单产水平又回升到了8607.8公斤/公顷，但是仍未回升到当地的最高水平，从这一角度来讲，新疆的玉米单产水平就目前而言，依然有较大的提升潜力，依据灰色预测模型的结果，到2040年，新疆的玉米单产水平可以达到10382.8公斤/公顷。

结合以上对西北地区两省区的分析，可以认为，陕西和新疆

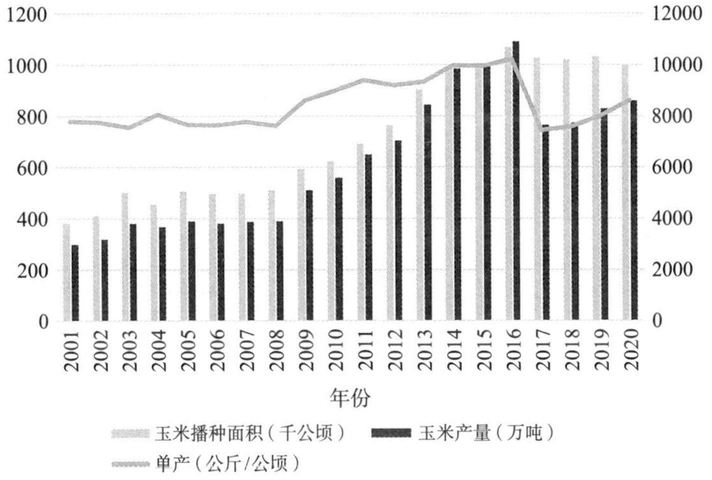

图3-18　2001—2020年新疆的玉米播种面积及生产情况

在未来一段时间之内，种植面积都不会有太大的变动，陕西的玉米播种面积可以保持在1200千公顷左右的水平，新疆的玉米播种面积可以保持在1000千公顷的水平，依旧设定玉米种植面积为固定参数，以灰色预测模型的结果来估计玉米单产水平的变化，结果如表3-4所示。虽然陕西的玉米播种面积相比新疆略高，但是新疆的玉米单产水平要远高于陕西，所以在未来，就总产水平来看，西北地区新疆的玉米产量依然还是要高于陕西。

表3-4　　西北两省区玉米单产及总产预测分析

（单位：公斤/公顷，万吨）

省区	陕西		新疆	
播种面积	1200千公顷		1000千公顷	
	单产	总产	单产	总产
2021年	5223.8	626.9	9133.1	913.3
2022年	5312.4	637.5	9194.9	919.5
2023年	5402.6	648.3	9257.2	925.7

续表

省区	陕西		新疆	
播种面积	1200千公顷		1000千公顷	
	单产	总产	单产	总产
2024年	5495.2	659.4	9319.9	932.0
2025年	5587.4	670.5	9383.0	938.3
2026年	5682.2	681.9	9446.6	944.7
2027年	5778.6	693.4	9510.6	951.1
2028年	5876.6	705.2	9574.9	957.5
2029年	5976.3	717.2	9639.8	964.0
2030年	6077.7	729.3	9705.1	970.5
2031年	6180.8	741.7	9770.0	977.0
2032年	6285.6	754.3	9837.1	983.7
2033年	6392.2	767.1	9903.6	990.4
2034年	6500.7	780.1	9970.7	997.1
2035年	6610.9	793.3	10038.2	1003.8
2036年	6723.1	806.8	10106.2	1010.6
2037年	6853.1	822.4	10174.7	1017.5
2038年	6953.1	834.4	10243.6	1024.4
2039年	7071.1	848.5	10312.9	1031.3
2040年	7191.0	862.9	10382.8	1038.3

第四章 结论与政策建议

一、主要结论

经过前三章的分析，可以看出，在播种面积方面，虽然近几年由于玉米临时收储政策的取消以及国家对生产布局结构的优化调整，玉米的播种面积相比之前的历史最高水平已经有所回落，但是考虑到日后我国畜牧业、工业对于玉米的需求还将不断走高，而且玉米的种植收益在粮食作物中常年保持前列，农户在种植选择上对于玉米依然保留一定的偏好，并且从近几年的变化趋势上来看，玉米播种面积的下降趋势已经稳住，预计在未来会保持稳定，我国玉米的播种面积还将维持在0.41亿公顷左右。

在单产方面，影响单产的因素多种多样，这也导致了单产预测的复杂性和随机性，从全国范围来看，过去二十年间，我国的单产水平保持了稳定的上涨趋势，从2000年的4597.5公斤/公顷，上涨到了2020年的6317.7公斤/公顷，上涨幅度为37.4%，因此可以预计，在未来一段时间内我国的玉米单产水平确实还存在一定的增长空间，使用灰色预测模型进行分析，从结果来看，我国在未来二十年的时间内，玉米单产水平还会有持续的上涨，预计到2040年，我国的玉米单产水平可以达到8609.6公斤/公顷，相比2020年，上涨幅度为36.3%。从历史经验来讲，这一涨幅确实在合理区间之内，从国际经验来看，2018年美国的玉米单产水平已经达到了11340公斤/公顷，按照模型预测结果，我国2040年的玉米单产水平依然比不过美国2018年的单产水平，所以这说明这一预测结果并不夸张，同时也说明我国的玉米单产水平确实大幅落后于发达国家，在玉米播种面积无法增加的情况下，玉米单产这块确实大有潜力可以挖掘。

在总产量方面，在全国范围内，由于我国的玉米播种面积在未来是处于相对稳定的局面，所以在未来真正能影响我国玉米增产潜力的关键要素还是单产水平的变化，根据播种面积保持在0.41亿公顷的估计，玉米单产水平在2030年可以达到7400公斤/公顷的水平，全年总产量可以达到30000万吨左右的水平，2040年，玉米单产水平预计可以突破8300公斤/公顷，全年的产量可以达到35000万吨。

对东北、华北黄淮、西北三个玉米主产地区进行深入分析，可以很明显地看出，从趋势变化上，无论是玉米播种面积还是单产水平，不同地区之间都有着各自不同的变化特征。在东北地区，玉米播种面积经历了2016年的回落之后，已经趋于稳定，各省区的玉米单产水平表现不一，其中黑龙江、内蒙古在未来一段时间内，玉米单产水平还能保持较快的增长速度，并且在2040年能突破10000公斤/公顷。吉林在未来一段时间内，玉米单产水平虽然还能够保持一定的增速，但是增速明显低于黑龙江和内蒙古，预计在2040年能达到9000公斤/公顷左右，虽然低于黑龙江和内蒙古的预计水平，但还是高于全国平均水平。辽宁玉米单产水平的增长潜力在东北地区最低，在未来一段时间内，预计辽宁的玉米单产水平不会表现出明显的增长趋势，而是会保持在6300公斤/公顷左右。可以看出，在东北地区，辽宁的单产增产潜力虽然不高，但是其余省份都有较大的增产潜力，而且从播种面积上来看，东北三省一区的玉米播种面积不仅止住下滑趋势，而且从绝对数量上来说，东北地区的玉米播种面积依然是我国最大的地区，所以在未来一段时间内，我国玉米产业的结构调整和布局优化，应该还是以东北地区作为重点区域，而在东北地区，则应该优先考虑黑龙江和内蒙古。

在华北黄淮地区，玉米播种面积方面，由于从近几年玉米播种面积的变化趋势上来看，华北黄淮地区的玉米播种面积并未明显止住下滑趋势，即华北黄淮地区的玉米播种面积受到国家政策的影响，在未来一段时间内还会有一定程度的缩减，这也是华北黄淮地区与东北地区玉米产业在未来发展的一个主要不同之处。在玉米单产水平的变化上，从整体趋势上来看，华北黄淮地区的玉米主产省份在未来一段时间内，还都会保持一个稳定的增加趋势，其中，河北的增长速度最快，虽然现阶段河北的玉米单产水平不如山东，但是预计在2040年，河北的玉米单产将会达到8500公斤/公顷的水平，成为华北黄淮地区玉米单产最高的省份。综合来看，虽然河北的单产水平增长潜力较大，但是在播种面积上，河南、山东两省的播种面积要高于河北，所以导致最终的总产水平，华北黄淮三省基本处于同一水平，预计到2040年，总产可以达到2500万吨左右，山东略高，可以突破2600万吨。

在西北地区，陕西、新疆的玉米播种面积虽然一直都缓慢增加，但是播种面积还是较小，并且最近几年也保持稳定，在未来也不具备较大的增长空间。在单产方面，玉米单产水平都表现出持续增加的趋势，但是新疆的玉米单产水平要明显高于陕西，预计到2035年，新疆的玉米单产水平就可以突破10000公斤/公顷，是东北地区之外，唯一一个单产水平突破10000公斤/公顷的省份，陕西的玉米单产水平虽然也表现出了一定的增产潜力，但是预计到2040年，单产水平也仅为7200公斤/公顷左右，虽然预计在未来陕西的玉米播种面积要大于新疆，但是在总产上，陕西还是要低于新疆，所以在西北地区，新疆可以作为我国玉米产业发展的重点省区。

二、国际经验借鉴

通过以上的分析，可以看出，如果要确保我国玉米产业的高质量稳定发展，确保国内玉米市场的充足供给，如何有效挖掘出我国玉米在未来的单产增长潜力是关键所在。“他山之石，可以攻玉”，美国早在20世纪就已经实现了玉米的高产，20世纪80年代，美国部分地区就可以达到玉米单产超过15000公斤/公顷，20世纪90年代，美国玉米的单产水平平均可达7500公斤/公顷，超出世界玉米平均单产水平一倍多。目前，美国身为世界上的第一玉米生产大国，总产量和出口量也都位居世界首位，除了得天独厚的资源优势之外，美国玉米的单产优势也是其中的重要原因，分析美国玉米产业的发展经验，结合我国实际情况，提出适合我国玉米单产提升的有效路径，对于挖掘我国玉米未来生产潜力有着重要的现实意义。

第一，实行区域化和专业化生产。美国与我国一样，国土面积达到900多万平方千米，各地的气候条件和土壤条件均不相同，美国政府会依据地方的实地情况，规划玉米的生产布局，实现玉米的区域化种植，早在20世纪40年代，美国就已经形成了五个州的黄金玉米带。另外，在这个黄金玉米带的生产区域内，得益于美国先天的土地优势，集约化程度较高，所以美国多数种植玉米的土地都可以实现高度机械化生产，同时区域化的生产布局，也更加有利于新技术的推广以及新管理经验的相互借鉴。目前在美国部分州，生产玉米的农户都已经实现了GPS装置的使用，通过遥感监测等手段，可以实现播种、施肥等田间管理的精准化。区域化的生产布局为新技术的使用推广提供了良好的外部环境，同时新技术的使用也进一步加强了区域化生产布局的合理性和高效性。

第二，加大育种科研投入、注重良种推广。其实在20世纪40年代之前，美国玉米的单产增长经历了一段时间的停滞期，后来得益于杂交玉米的培育和推广，美国的玉米单产水平再次得到腾飞，根据有关学者的估计，在玉米单产的影响因素中，遗传因素的作用比重可以达到一半以上。美国政府十分注重良种的科研工作，除了各大高校和科研院所之外，美国还有数千家种子公司会担任玉米的育种科研任务，同时十分注重良种资源的收集和整理，为玉米新品种的研发提供了很好的基因库。在良种推广方面，美国有专门的机构负责良种的试验、检验和登记等工作，并根据结果来确定推广品种，同时由国家统一负责良种的供应工作。

第三，合理施肥轮作，确保土壤有稳定地力。美国政府十分注重新型肥料的研发，复合肥、液态肥等高效肥料是科研重点，同时也是美国玉米生产过程中使用比例最高的肥料种类，各种微量元素的使用，对于美国玉米的增产起到了关键作用，并且美国比较重视基肥，追肥比例相比基肥而言较低，而这种施肥方式更具科学性。同时美国政府还会针对各地土壤进行分析，每三年进行一次土壤普查，确保不同地区的农户能够依据自身土地的特性进行科学施肥。除此之外，美国政府还推行轮作制度，搭配上秸秆还田等措施，确保了玉米黄金带上的土地能够常年保持稳定的地力，为玉米的高产稳产打下了良好的基础。另外值得一提的是，玉米—大豆的轮作方式，为畜牧业提供了充足的饲料原料，也使得玉米带成了乳肉带，畜牧业又为种植业提供了大量的有机肥料，再一次确保了土壤地力的恢复和保持。

第四，主推矮秆、耐密品种，增加种植密度。种植经验表明，农作物要获得高产，就必须在个体发育协调和群体结构合理之间寻求最佳的平衡点，高密度的种植有可能会导致个体的发育不良，但是低密度的种植策略又可能会影响总体产量，所以美国政府也一直在寻找玉米种植中最合理的种植密度，并尽可能将种植密度增加。自20世纪40年代起，美国玉米的种植间隔从100多厘米，逐步降低到70厘米，种植密度大大增加，这也是美国玉米单产能够在之后不断增长的原因之一。为了避免种植密度较高对个体发育产生影响，美国政府在玉米育种过程中，就主推矮秆、耐密品种，降低了因为长秆易倒伏等因素带来的减产影响。

第五，玉米行业协会为种植者提供专业化服务。行业协会也是保证美国玉米产业能够稳定健康发展的重要因素之一，美国的行业协会不仅会为农民提供专业的生产、销售、贸易等方面的专业化指导，同时还与科研机构和企业有着密切的合作关系，在新技术研发推广方面也起到了不小的助力。通过行业协会，农户不仅能够尽快接触到最新的技术装备，同时在行业协会的指导下，还能够很快获得对新技术或者新装备的使用熟练度。

第六，实施高产化竞赛、保证行业创新性。玉米高产竞赛是美国国家玉米种植者协会（NCGA）举办的国家玉米产量竞赛，1920年在艾奥瓦州首次举办，之后推广到全国范围。事实证明，这一赛事制度，使得美国玉米产业在过去数十年间，不断创新了玉米的高产纪录。美国国家玉米种植者协会对参赛者资格、参赛组别、参赛田块以及参赛品种资格认证进行鉴定，确保赛事的公平性和正常运转。在赛事数十年时间的举办过程中，已经成为玉米行业每年最受关注的话题之一，不少公司会借助赛事，来对自家的高产品种进行宣传推介，提高了行业内的竞争积极性，调动了玉米行业从业者对玉米产量潜力挖掘的积极性，确保了玉米产业的创新性。

第七，进行转基因玉米种植。美国是世界上最早种植转基因玉米的国家，自1996年开始，美国就开始进行转基因玉米的种植，由于转基因玉米相对于常规手段育种的玉米品种，在抗虫、抗病害等方面具备着先天优势，并且产量也明显高于常规玉米，所以美国转基因玉米的种植面积逐年上涨，2000年，美国转基因玉米的种植比例仅为25%，到2007年就上涨到了73%，而根据最新美国农业农村部的消息，2021年，美国种植玉米为3754万公顷，转基因玉米的种植比例已经高达93%。

第八，实施多元化、多角度的扶持政策。在农业产业上，美国政府一直都实行着强有力的保护扶持政策，在玉米产业中，美国政府不仅实施对玉米生产者的直接补贴，而且降低了企业收购玉米的价格，降低玉米加工企业成本，有利于整个玉米产业的发展壮大。另外，美国部分州出台法律规定，汽油燃油中必须添加

10%的酒精，政府会对此类燃油中的酒精给予51%的免税比例，虽然这一法案出台的初衷是保护环境，但是由于玉米是燃料乙醇的主要原料，所以这一法案同时也保障了玉米种植者的收益，调动了玉米种植者的生产积极性。最后，美国对于玉米加工企业和种植者都可以提供贷款服务，对于农业合作社，政府甚至可以给予最高额度为50万美元的无息贷款，对于农户，政府也可以提供无息贷款，资金的注入能够帮助农户更加便捷地获得先进的生产技术和设备，也有利于农户进行农田改善或者扩大规模，最终起到提高玉米单产或者总产的作用。

三、政策建议

依据本书之前的分析结果，结合美国的先进经验，给出政策建议如下。

第一，继续调整产业结构，优化玉米产业布局。依据各地的气候土壤条件，进行科学合理布局，优化玉米产业结构，强化玉米主产区优势。以东北、华北黄淮两个地区作为我国未来玉米产业发展的重点区域，并在重点区域中选取重点省份作为核心区域，例如，东北地区就可以选取黑龙江、内蒙古作为核心区域。除了东北、华北黄淮地区之外，其余地区依旧可以根据单产增长潜力，来划定玉米产业发展的重点省份，例如，西北地区，新疆就可以依据其单产潜力，确定为重点发展省区，扩大玉米种植面积。在选定重点省区之后，对各省区内部的玉米生产者给予必要的资金和技术支持，尤其是针对专业大户、合作社等新型经营主体要给予重点补贴，加大农机具的购置补贴力度，提高玉米机械化生产水平，在玉米区域化种植的基础上，通过推行机械化生产，提高玉米的生产效率，降低生产成本。

第二，加大玉米良种研发力度，以矮秆、耐密作为主研品种。经验表明，种子改良和种植密度的提升是提高玉米单产水平的有效手段，要继续加强我国常规玉米的研发力度，同时要正视转基因玉米在提高产量中的积极作用，推进转基因玉米的研发工作，同时做好风险评估，提前进行试点试验，谨慎做好推广工作。完善国家玉米种质资源管理制度，丰富我国玉米育种基因库，加强育种方面的立法工作，保护良种知识产权，规范种子市场经营方式，并且要重点对于转基因玉米的安全使用进行专门立法，出台相关的管理条例。在育种的过程中，学习美国经验，以矮秆、耐密品种作为主要研究方向，在我国水土资源紧缺的基本国情下，增加玉米种植密度，高效利用好每一寸土地。

第三，继续加强基础设施建设，加快推进高标准农田建设。要充分发挥我国玉米在未来的单产潜力，要降低自然风险对玉米生产过程中的冲击力度，要继续加强灌溉、电力等和玉米生产相关的基础设施建设。同时应该注意到，在一些主产省区，玉米的单产水平存在波动较大的情况，这说明我国的农田对于自然风险的冲击仍然不具备较强的抵御能力，所以还应该加快推进高标准农田建设，不仅做到增产，而且要确保稳产。另外，要加强主要病虫害、主要自然灾害的预测预报工作，建立监测预警机制，完善综合防治体系，尽可能提前规避生产风险，确保玉米单产潜力能够最大限度地发挥。

第四，构建创新激励机制，加大高产品种的宣传力度。可以借鉴美国的玉米高产竞赛，建立适合我国国情的创新激励机制，虽然我国也有类似于美国高产竞赛的赛事，但是由于宣传力度不够等因素，并未起到同等作用，所以要尽可能加大此类活动的宣传力度，同时加大此类活动的奖励力度，引导农户、企业、科研机构等主体都参与进来，确保玉米产业的创新活力。

第五，推广合理轮耕制度，稳定土壤地力。连续多年种植玉米，并且要确保玉米高产，势必会对土壤肥力造成不利影响，农户不愿意放弃玉米转种其他作物或者休耕，就是因为玉米较高的经济效益，国家应该出台相关的轮耕补贴制度，虽然部分地区已经出台了相关政策，但是力度不够，还应加大补贴力度，扩大补贴范围，采用玉米—大豆等轮作方式，及时休养地力，并且推广秸秆还田制度，加大土壤的有机质含量。

第六，强化基层农技服务体系建设，提高农户综合素质。美国依托行业协会与农业部门，建立了多层次、体系化的农业技术推广服务机构，对农业生产提供有效的技术指导与服务。我国地少人多，主要以小规模种植为主，行业协会也发展较慢，难以对数量众多的农户做到有效指导，要逐渐建立符合中国国情的技术信息服务平台，充分发挥群众的力量，建立“专家—技术示范户—广大农户”的技术推广模式，提升先进技术装备在玉米产业中的推广应用程度，促进玉米生产技术能力的提升。

第五章

国家和部分省的相关政策

2016年

辽宁省建立玉米生产者补贴制度实施方案

为积极稳妥推进玉米收储制度改革，保障农民种粮基本收益，加快实施农业供给侧结构性改革，国家决定在东北（辽宁、吉林、黑龙江）和内蒙古建立玉米生产者补贴制度。根据《财政部关于建立玉米生产者补贴制度的实施意见》（财建〔2016〕278号）精神，结合我省实际情况，制定本实施方案。

一、充分认识建立玉米生产者补贴制度的必要性与重要意义

我国自2007年实施玉米临时收储政策，对于稳定粮食生产、保护农民利益、维护市场平稳运行发挥了重要作用，但近年随着国内、国际市场发生变化，玉米临储制度暴露出库存积压、加工企业亏损严重、财政在流通环节支出负担不断增加等突出问题，而且不利于引导调整种植结构、加快转变农业发展方式。

党中央、国务院高度重视玉米等粮食收储制度改革，党的十八届三中全会要求“完善农产品价格形成机制，注重发挥市场形成价格作用”；党的十八届五中全会强调“改革农产品价格形成机制，完善粮食等重要农产品收储制度”；2016年《政府工作报告》提出“按照‘市场定价、价补分离’原则，积极稳妥推进玉米收储制度改革，保障农民合理收益”；2016年中央一号文件明确规定“建立玉米生产者补贴制度”。

加快建立玉米生产者补贴制度，是推动实施玉米收储制度改革、实现“市场定价、价补分离”的有效支撑，有利于深化市场经济体制改革，发挥市场在配置粮食资源中的决定性作用和更好地发挥政府作用；是改革完善我国农业补贴政策、改进财政补贴方式的必然要求，有利于在新形势下运用财政补贴手段保障农民种粮合理收益、维护粮食市场供求基本平衡，更好地推动实现“藏粮于地、藏粮于技”；是推动农业供给侧结构性改革、促进农业结构战略性调整的重要举措，有利于推动农产品由低水平供需平衡向高水平供需平衡跃升，有效促进玉米加工业、畜牧业发展，提升农牧业产业链和价值链，构建新型农业产业体系，培育经济发展新动能。

二、建立玉米生产者补贴制度的总体要求

（一）指导思想。

全面贯彻党的十八大和十八届三中、四中、五中全会精神，按照“五位一体”总体布局和“四个全面”战略布局，牢固树立并贯彻落实创新、协调、绿色、开放、共享的新发展理念，认真落实党中央、国务院决策部署，推进玉米收储制度改革，建立玉米生产者补贴制度，对我省玉米生产者给予补贴，促进玉米实现供求基本平衡并与上下游产业协同发展，保障优势产区农民种粮

收益基本稳定，促进种植结构调整，加快实施农业供给侧结构性改革，提高发展的质量和效益。

（二）基本原则。

1. 市场定价、价补分离。积极稳妥推进玉米收储制度改革，玉米价格由市场形成，同时建立玉米生产者补贴制度，对玉米生产者给予一定补贴，保障优势区种粮收益。

2. 差异补贴、调整结构。考虑粮食产能因素分配资金，将补贴资金向高产地区集中，保障优势产区玉米种植收益基本稳定，促进非优势区种植结构调整，充分发挥价格补贴的调节引导作用，推动农业供给侧结构性改革。

3. 明确责任、分级负责。省相关部门按照国家要求制定全省补贴实施方案和补贴资金管理办法，核定各市补贴额度，确定补贴范围、对象、依据、流程和资金管理原则；市、县相关部门要完善补贴制度，落实补贴政策，及时兑付补贴资金。

4. 公开透明、加强监督。补贴资金拨付要做到标准明确、流程规范、过程透明。要充分利用已有粮食直补工作基础，切实加强组织实施，自觉接受社会监督，确保财政补贴资金安全有效。

三、玉米生产者补贴制度的主要内容

（一）调剂种植结构调整资金。

根据中央财政下达补贴资金总量，省级财政调剂5%作为省级种植结构调整资金，用于支持玉米种植结构调整；市级财政根据省核定下达补贴资金额度调剂5%作为市级种植结构调整资金，用于配套支持玉米种植结构调整。县级财政不再调剂种植结构调整资金。种植结构调整具体实施方案由省级农业主管部门另行制定并组织实施。

（二）核定补贴额度。

1.省对市补贴额度的核定。省财政根据省对市补贴资金总量，按照基期统计年鉴公布分市的玉米播种面积60%和前三年玉米平均产量40%的权重测算确定各市的补贴额度。测算基期为2014年（即面积为2014年数据，产量为2012—2014年平均数据），且2016—2018年三年保持不变。

2.市对县（含涉农区，下同）补贴额度的核定。建议各市根据市对县补贴资金总量，参照省对市办法核定所属县（区）补贴额度。也可结合各地实际情况另行确定对所属县（区）补贴额度核定方法。补贴额度的核定要避免出现所辖县（区）补贴水平畸高畸低现象。

（三）明确补贴范围、对象及标准。

1.补贴范围。实施玉米生产者补贴的范围为全省所有种植玉米的市、县。

2.补贴对象。享受补贴的对象为合法耕地（即通过合法程序获得合法经营权）上的玉米实际生产者（包括本地农民、家庭农场、农民合作社、合法的外来租种者等）。对于土地流转的，补贴资金应发放给实际玉米生产者，土地流转合同（协议）有约定的，从其约定。如由土地承包者领取补贴的，有关地方政府要引导承包者相应减少土地流转费用，真正让玉米生产者受益。

3.补贴依据。向玉米生产者发放补贴的依据是生产者当年在合法耕地上实际播种的玉米种植面积。不包括在国家及省已明确退耕土地、未经批准开垦土地或禁止开垦土地上的玉米种植面积，不包括已被政府征用并获得补偿、暂时未能开发使用的耕地上的玉米种植面积。

4.补贴标准。以县为单位，根据市对县核定下达的当年补贴资金额度，依据县农业部门提供的全县补贴面积测算确定全县统一补贴标准，并向玉米生产者发放补贴资金。补贴标准的确定不受上级财政核定补贴资金额度水平影响，县与县之间允许存在差异。

（四）核实补贴面积。

每年玉米播种结束后，各级农业部门会同统计部门研究制定具体工作方案，切实组织好玉米生产者分户补贴面积的统计核实确认工作。

1.自主申报登记。生产者当年玉米播种结束后，按照属地管理原则自主向耕地所属村委会申报当年玉米实际种植面积，标明种植玉米耕地属性（承包、流转等），同时登记领取补贴惠农“一卡通”账号。

2.统计汇总核查。由乡镇（或农场，下同）农业主管部门组织各村委会对全村玉米生产者补贴基本信息情况（姓名、玉米种植面积、耕地属性、“一卡通”账号等）按照统一格式进行统计汇总，并逐户进行核查确认。

3.实行村级公示。经核查确认的玉米生产者补贴基本信息情况表由乡镇农业主管部门经手人签字、加盖公章和村委会负责人签字、加盖村委会公章后，以村为单位公示7天。公示期间，对群众有异议的基本信息，要立即核实并更正，确保基本信息完整准确。

4.汇总备份上报。以乡镇为单位，农业主管部门对各村委会经公示无误的补贴基本信息情况表（分户情况）汇总，由乡镇主要负责人签字并加盖乡镇公章后上报县农业主管部门，同时将相关基本信息情况表备份归档，以备核查。

5.核查确认移送。县级农业主管部门要组织力量对各乡镇上报补贴基本信息情况进行抽查、核验并确认后，以正式公函形式将玉米补贴基本信息情况表送县财政部门，以便测算补贴标准，发放补贴资金。县级农业主管部门要确保于每年6月30日（2016年于9月30日）前将上述补贴基本信息情况表按规定程序移送县财政部门。

6.动态信息管理。各乡镇农业主管部门要切实加强玉米生产者补贴信息档案管理，建立完善补贴信息动态管理制度，及时掌握土地流转情况，对补贴基本信息实施动态更新，确保相关补贴信息真实完整。

（五）补贴资金管理与发放。

1.专户管理，封闭运行。玉米生产者补贴资金全部纳入粮食风险基金专户管理，封闭运行。除县级财政拨付并对玉米生产者发放补贴资金外，各级财政补贴资金必须通过在当地农业发展银行开设的“粮食风险基金专户”划拨。补贴资金要与专户内其他资金分账核算，单独反映，不得相互混用。

2.及时划拨资金。各级财政部门要及时划拨资金，确保按期发放补贴。省财政收到中央财政补贴资金后，应根据统计年鉴公布的基期分市玉米播种面积及产量，立即测算核定各市补贴资金额度，按规定程序审批后10个工作日内将补贴资金下达到市；各市财政收到省下达补贴资金后，按照本地具体实施方案，于10个工作日内将补贴资金分配下达到县；各县财政务于收到市下达补贴资金并收到县农业主管部门移送补贴基本信息后（以后到者为限）20个工作日内将补贴资金发放到户。

3.规范资金发放。各县财政部门根据市财政核定下达的补贴资金额度和县农业主管部门提供的玉米生产者实际种植面积、“一卡通”账号等基本信息，统一测算全县补贴标准，并分解测算玉米生产者分户补贴金额，通过惠农“一卡通”直接将补贴资金及时足额发放到玉米生产者存折账户。不得以现金形式发放补贴；任何单位不得以任何理由代领、代扣、挪用、挤占玉米生产者补贴资金。全部补贴资金发放工作务于每年的9月30日（2016年于10月31日）前完成。

4.发放补贴公告。当年补贴资金发放完毕后，县财政部门要将全县补贴资金发放的补贴标准、补贴金额以及完成补贴发放时间等信息，以村为单位张榜公告。公告的内容包括补贴对象的姓名、补贴面积、补贴标准、补贴金额以及完成补贴发放的时间等。

5.建立补贴发放备案制度。玉米生产者补贴资金全部发放完毕后，市、县财政局会同农业部门将本地补贴资金实际发放情况以正式文件形式联合报上一级财政和农业部门，并附补贴资金发放明细表（县级明细表细化到乡镇，市级明细表细化到县）。市级补贴发放情况报省备案时限为地区全部完成补贴发放后30日内。

四、切实加强组织实施

各级地方政府和相关部门要充分认识建立玉米生产者补贴制度的重大意义，切实加强组织领导，强化工作措施，确保补贴政策贯彻落实。

（一）强化组织领导。省级财政、农业、发展改革、统计等部门将建立协调机制，明确部门职责分工，保障补贴政策顺利实施。财政部门会同相关部门研究制定建立玉米生产者补贴制度实施方案，制定补贴资金管理办法，指导做好补贴资金发放工作；农业部门会同统计部门研究制定玉米补贴面积调查统计操作办法，指导做好玉米补贴面积统计核查工作。市县政府也要建立相应的部门间协调机制，及时研究制定具体实施方案，明确责任分工，对落实本地区玉米生产者补贴政策负责，确保补贴资金及时、足额发放。

（二）规范操作流程。各地要结合本地实际情况，规范操作流程，提高发放效率，确保资金安全。玉米生产者的补贴面积、补贴标准、补贴金额等信息，要实行村级公示、公告制度。要加强和完善补贴信息档案管理，充分利用粮食直补数据信息库等已有基础，建立和完善补贴信息档案管理制度，确保相关补贴信息真实完整。

（三）严格监督检查。各地要通过门户网站、新闻媒体及监督电话，广泛接受群众监督。禁止集体代领“一折通”、“一卡通”或补贴资金，禁止用补贴资金抵扣相关费用。切实加强补贴政策执行情况的监督检查，发现问题及时整改。对弄虚作假、挤占、截留、挪用和套取补贴资金等违规违法行为，将依规依法给予严肃处理。

（四）加大政策宣传。各地要研究制定具体宣传方案，加大宣传力度，充分利用新闻发布、广播、电视、网络、手机、明白卡、宣传手册等媒体工具和宣传手段，使用群众听得懂的语言广泛宣传，增强政策的透明度，使广大群众清楚地了解玉米生产者补贴政策的重大意义，掌握补贴政策要点，充分赢取广大群众对改革的理解和支持，确保改革政策落实到位。

黑龙江省玉米生产者补贴实施方案

为积极稳妥推进我省玉米收储制度改革，保障农民种粮基本收益，加快实施农业供给侧结构性改革，根据《财政部关于建立玉米生产者补贴制度的实施意见》（财建〔2016〕278号，以下简称《意见》）精神，结合我省实际，特制定本实施方案。

一、指导思想

以党的十八大和十八届三中、四中、五中全会以及《中共中央、国务院关于落实发展新理念加快农业现代化实现全面小康目标的若干意见》（中发〔2016〕1号）精神为指导，认真落实党中央、国务院和省委、省政府决策部署，积极推进玉米收储制度改革，实行玉米生产者补贴，促进玉米实现供求基本平衡与上下游产业协调发展，保障农民种粮基本收益，促进种植结构调整，加快推进农业供给侧结构性改革，提高发展质量和效益。

二、基本原则

（一）市场定价、价补分离。积极稳妥推进玉米收储制度改革，玉米价格由市场决定，政府对玉米生产者给予一定补贴，生产者随行就市出售玉米，形成购销主体多元化和多渠道流通的市场新格局。

（二）统一标准、保障收益。省级相关部门根据中央财政下达我省的玉米生产者补贴资金总额（扣除按照规定由省里统筹用于种植结构调整部分）和当年全省玉米合法实际种植面积，确定全省统一补贴标准，保障农民基本收益。

（三）统筹调整、协同推进。根据《意见》规定，省政府统筹调剂10%的中央定额补贴资金，用于引导和支持种植结构调整，支持玉米生产、流通、仓储、加工和发展畜牧业等。

（四）公开透明、公平公正。严格按照补贴政策落实改革措施，实行面积和补贴公示等制度，自觉接受各方监督，维护实际种植者合法利益，确保财政补贴资金发挥政策效应。

三、主要内容

（一）补贴对象。玉米生产者补贴的对象为：本省行政区划范围内玉米合法实际种植面积的实际种植者（包括农民、农民专业合作社、企事业单位等）。玉米合法实际种植面积是指在拥有与村集体、乡级以上政府或有关单位（林业局、地方农牧场等）签订的土地承包、承租或开发使用合同，且用途为非林地、非草原、非湿地的耕地上实际种植玉米的面积。

未经过申报、公示、审核的玉米种植面积，在国家和省有明确退耕要求的土地上种植玉米的面积，在未经批准开垦的土地或者在禁止开垦的土地上种植玉米的面积，不享受玉米生产者补贴。

（二）补贴标准。根据全省玉米生产者补贴资金总额和省统计局、农委核实的玉米合法实际种植面积，测算并确定我省当年亩均补贴标准。

（三）补贴程序。

1.面积核实。各市（地）、县（市）政府（行署）和省农垦总局组织统计、农业部门于7月至9月对辖区内玉米实际种植者申报的玉米种植面积开展入户调查和地块实地核实工作，并将调查核实的玉米合法实际种植面积，玉米生产者和流转地承包者姓名、身份证号码，地块坐落等信息在村屯、乡镇政府或农场（单位）进行张榜公示，确保玉米合法实际种植面积数据真实准确。9月末前市（地）、县（市）和农场统计部门会同农业部门将玉米合法实际种植面积调查核实数据报市（地）、县（市）政府（行署）和省农垦总局审定。10月15日前，市（地）、县（市）政府（行署）和省农垦总局将辖区内玉米合法实际种植面积数据以正式文件（含电子版）报省统计局和省农委，同时将补贴对象姓名、身份证号码、玉米合法实际种植面积等详细补贴信息函告同级财政部门，作为当年发放玉米生产者补贴的依据。10月20日前，省统计局会同省农委将分县补贴面积以正式文件（含电子版）函告省级财政部门，作为补贴资金测算和拨付依据。

2.补贴发放。省级财政部门根据全省玉米生产亩均补贴标准和省统计局、农委函告的分县玉米合法实际种植面积，测算分配补贴资金，并通过粮食风险基金专户将补贴资金直接拨付给各市（地）、县（市）和省农垦总局。各市（地）、县（市）和省农垦总局在接到省级财政部门拨付的补贴资金后15日内，根据同级统计、农业部门函告的补贴对象、玉米合法实际种植面积和亩均补贴标准，通过粮食补贴“一折（卡）通”将补贴资金兑付给补贴对象。

（四）补贴监管。补贴资金专户实行封闭管理。建立补贴面积和补贴资金公示、档案管理和监督检查制度。设立并公布监督举报电话，接受群众监督。

四、加强组织实施

（一）强化组织领导。各市（地）、县（市）政府（行署）和省农垦总局要切实加强组织领导，对当地玉米生产者补贴工作负总责，主要负责人是“第一责任人”。要结合实际，尽快制定完善切实可行的具体落实方案，明确任务，落实部门分工和责任，建立联席会议制度，统筹协调解决改革中的实际问题，确保改革工作顺利推进。各有关部门要按照职责分工抓紧完善和细化有关政策措施，加强协调配合，完善工作机制，扎实推进各项工作。

（二）明确职责分工。省农委主要负责牵头做好玉米生产者补贴工作，负责加强玉米生产技术指导，提高玉米品质；与省统计局一起负责做好玉米合法实际种植面积数据统计调查及核实工作。省财政厅主要负责制定玉米生产者补贴资金发放管理办法、补贴资金测算拨付和补贴资金发放的监督指导等工作。省粮食局主要负责做好引导多元市场主体积极入市收购玉米等工作，防止出现“坏粮”和“卖粮难”。省物价监管局负责做好玉米生产成本收益调查和市场价格监测工作。其他有关部门按照职责分工配合牵头部门做好相关工作。各地、各有关部门、各新闻单位要各负其责，共同做好政策解读与政府信息公开工作。省发改委、农委、财政厅、统计局、粮食局等部门负责做好补贴政策的跟踪评估和资金绩效评价工作。

（三）严格监督检查。各地要通过门户网站、新闻媒体及监督电话，广泛接受群众监督。禁止集体代领转付、禁止用补贴资金抵扣相关费用。在每年补贴资金兑付后，要对补贴政策执行情况进行全面检查，对发现的问题要及时整改。对于截留、挪用和骗取补贴资金等违规行为，依照《财政违法行为处罚处分条例》和《中共黑龙江省纪委、黑龙江省监察厅关于违反粮食补贴方式改革政策行为党纪政纪处分的暂行规定》等有关规定惩处。对涉嫌犯罪的，依法移交司法机关处理。对因工作不力造成不良影响和严重后果的单位和个人，要通报批评，严肃问责。

（四）加强政策宣传。各地要研究制定具体宣传方案，加大宣传力度，充分利用广播、电视、网络、手机、明白卡、宣传手册等媒体工具和宣传手段以及干部走村入户等宣传方式，通俗易懂地进行政策解读，增强政策的透明度，使广大农民群众及时掌握补贴对象、面积核实、补贴标准、资金兑付等政策要点，赢取广大群众对改革的理解和支持。

2017年

辽宁省统筹玉米和大豆生产者补贴政策实施方案

为深入推进玉米市场定价、价补分离改革，调整大豆目标价格政策，自2017年开始，国家决定调整大豆目标价格补贴政策，建立大豆生产者补贴制度，并统筹玉米和大豆生产者补贴政策，对玉米和大豆实际种植者给予补贴，实现补贴机制相衔接。根据《财政部关于建立玉米生产者补贴制度的实施意见》（财建〔2016〕869号）、《财政部 国家发展和改革委 农业部关于调整完善玉米和大豆补贴政策的通知》（财建〔2017〕118号）精神，结合我省实际情况，制定本实施方案。

一、总体要求

（一）总体思路。

国家继续在我省实施玉米生产者补贴政策，同时，自2017年开始，将原大豆目标价格补贴政策调整为大豆市场化收购，并建立大豆生产者补贴制度，对大豆种植者给予补贴，并将大豆生产者补贴资金发放纳入玉米生产者补贴资金发放渠道，实现补贴机制相衔接。建立玉米和大豆生产者补贴制度，对我省玉米、大豆生产者给予补贴，有利于促进玉米、大豆实现供求基本平衡并与上下游产业协同发展，保障优势产区农民种粮收益基本稳定，促进种植结构调整，加快实施农业供给侧结构性改革，提高发展的质量和效益。

（二）基本原则。

1.市场定价、价补分离。玉米、大豆价格由市场形成，充分发挥价格对生产的调节引导作用，体现优质优价，建立玉米和大豆生产者补贴制度，对玉米、大豆生产者给予一定补贴，保障种粮基本收益。

2.差异补贴、调整结构。综合考虑种植面积和产能因素分配资金，将补贴资金向优势产区倾斜，促进种植结构调整，推动农业供给侧结构性改革。

3.明确责任、分级负责。省相关部门按照国家要求制定全省实施方案和资金管理办法，核定各市补贴额度，确定补贴范围、对象、依据、流程和资金管理原则；市、县（含区、县级市，下同）相关部门要细化完善补贴方案，落实补贴政策，及时兑付补贴资金。

4.公开透明、加强监督。补贴资金拨付要做到标准明确、流程规范、过程透明。要充分利用耕地地力保护补贴工作基础，切实加强组织实施，自觉接受社会监督，确保财政补贴资金安全高效稳妥有序发放。

二、主要内容

（一）调剂种植结构调整资金。

根据中央财政当年下达的玉米和大豆生产者补贴资金总量，省级财政调剂5%作为省级种植结构调整资金，用于支持种植结构调整；市级财政根据省核定下达的补贴资金额度，调剂不超过5%作为市级种植结构调整资金，用于配套支持种植结构调整。县级财政不再调剂种植结构调整资金。

（二）核定补贴资金规模。

1.省对市补贴额度核定。省财政补贴水平与补贴额度，是根据当年省对市玉米和大豆生产者补贴资金总量，以促进粮食供需平衡和种植结构调整、保障农民种粮基本收益、向优势产区倾斜为基本原则，按照各市玉米、大豆播种面积和产量进行综合测算确定。

2.市对县补贴额度的核定。各市要结合本地实际情况，确定对所辖区域补贴额度的核定方法，鼓励补贴资金向玉米、大豆的优势产区倾斜，补贴额度和补贴标准的确定要有利于引导扩大大豆种植，在非优势产区调减玉米种植。

（三）补贴范围、对象及标准。

1.补贴范围。全省所有种植玉米、大豆的市县。

2.补贴对象。合法耕地（即通过合法程序获得合法经营权）

上的玉米、大豆实际生产者(包括本地农民、家庭农场、农民合作社、合法的外来租种者等)。对于土地流转的,补贴资金应发放给实际生产者,如由土地承包者领取补贴的,有关地方政府要引导承包者相应减少土地流转费用,真正让玉米、大豆生产者受益。

3.补贴依据。生产者在合法耕地上实际播种的玉米、大豆种植面积,不包括在国家及省已明确退耕土地、未经批准开垦土地或禁止开垦土地上的种植面积;不包括已被政府征用并获得补偿、暂时未能开发使用的耕地上的种植面积;不包括青贮玉米种植面积。

4.补贴标准。各市可按品种统一测算补贴标准,也可以县为单位,根据市对县核定下达的补贴额度,依据县农业部门提供的补贴面积分县确定补贴标准,允许县与县之间存在差异。原则上大豆生产者补贴标准要适度高于玉米生产者补贴标准。同时,各市应根据实际情况密切关注、统筹把握所辖区域补贴水平,研究制定应对预案,避免出现同一品种间补贴标准畸高畸低现象。

(四)补贴面积核实。

当年玉米、大豆播种结束后,各级农业部门会同相关部门研究制定具体工作方案,切实组织好玉米、大豆生产者分户补贴面积的统计核实确认工作。

1.自主申报登记。生产者当年玉米、大豆播种结束后,按照属地管理原则自主向耕地所属村委会申报当年实际种植面积,标明种植玉米、大豆耕地属性(承包、流转等),同时登记领取补贴惠农"一卡通"账号。

2.统计汇总核查。由乡镇(街道或农场,下同)政府组织农业等相关部门部署各村委会对全村玉米、大豆生产者补贴基本信息情况（姓名、玉米和大豆种植面积、耕地属性、“一卡通”账号等）按照统一格式进行统计汇总，并进行核查确认。

3.实行村级公示。经核查确认的生产者补贴基本信息情况表由乡镇农业等相关部门经手人和政府负责人签字、加盖公章，村委会负责人签字、加盖村委会公章后，以村为单位公示7天。公示期间，对群众有异议的基本信息，要立即核实并更正，确保基本信息完整准确。

4.汇总备份上报。以乡镇为单位，农业主管部门对各村委会经公示无误的补贴基本信息情况表（分户情况）汇总，由乡镇主要负责人签字并加盖乡镇公章后上报县农业主管部门，同时将相关基本信息情况表备份归档，以备核查。

5.汇总抽查确认。县级农业主管部门汇总核验全县补贴基本信息，并将信息报县级政府，由县级政府组织有关部门对上报补贴基本信息情况进行抽查、核验并确认。补贴面积确认工作应于每年8月10日前完成，并以正式公函形式将补贴基本信息情况表送县财政部门，以便测算补贴标准，发放补贴资金。

6.动态信息管理。各乡镇政府要组织农业等相关部门切实加强玉米、大豆生产者补贴信息档案管理，建立完善补贴信息动态管理制度，及时掌握土地流转情况，对补贴基本信息实施动态更新，确保相关补贴信息真实完整。

（五）补贴资金管理与发放。

1.及时划拨资金。各市收到省下达补贴资金后，按照本地区具体实施办法，科学、合理测算确定资金分配方案，及时将补贴资金分配下达到县。各县财政应于收到市下达补贴资金并收到县农业主管部门报送补贴基本信息后(以后到者为限)20个工作日内将补贴资金发放到户。全部补贴资金发放工作原则上应于每年10月底前完成。

2.规范资金发放。玉米和大豆生产者补贴资金全部纳入粮食风险基金专户管理,封闭运行,与专户内其他资金分账核算,单独反映。除县级财政拨付并对玉米、大豆生产者发放补贴资金外,各级财政补贴资金必须通过在当地农业发展银行开设的“粮食风险基金专户”划拨。各县财政部门根据县农业主管部门提供的生产者实际种植面积、“一卡通”账号等基本信息,结合本地区补贴资金额度及补贴标准,分解测算分户补贴金额,通过惠农“一卡通”直接将补贴资金及时足额发放到生产者存折账户,不得以现金形式发放补贴。

3.公告发放情况。当年补贴资金发放完毕后,县财政部门要将全县补贴资金发放信息,以村为单位张榜公告。公告的内容包括补贴对象的姓名、补贴面积、补贴标准、补贴金额以及完成补贴发放的时间等。

4.建立备案制度。补贴资金全部发放完毕后,市、县财政部门会同农业部门将本地补贴资金实际发放情况以正式文件形式联合报上一级财政和农业部门,并附补贴资金发放明细表(县级明细表细化到乡镇,市级明细表细化到县)。各市应于全部补贴发放完成后30日内将补贴发放情况报省备案。

三、加强组织实施

(一)强化组织领导。

各级地方政府和相关部门要充分认识建立玉米和大豆生产者

补贴制度的重大意义，切实加强组织领导，强化工作措施，确保补贴政策贯彻落实。省级财政、农业等部门将建立协调机制，明确部门职责分工，保障补贴政策顺利实施。市县政府也要建立相应的部门间协调机制，明确责任分工，做好组织动员和指导检查，对贯彻落实本地区生产者补贴政策负责，可结合实际情况，另行安排必要经费，保证面积核实、监督检查等各项工作顺利开展。各市要制定完善补贴政策实施方案、补贴面积核查操作办法、补贴资金管理办法等相关制度办法并报省备案，指导基层做好补贴面积统计汇总核查、补贴资金发放等具体工作，按期报送政策落实情况。

（二）规范操作流程。

各地要结合本地实际情况，规范操作流程，提高发放效率，确保资金安全。要继续坚持与完善补贴公示、公告制度，加强和完善补贴信息档案管理制度，充分利用耕地地力保护补贴数据信息库等已有基础，及时掌握、动态更新土地流转、补贴对象信息数据，确保相关补贴信息真实完整。

（三）严格监督检查。

各地要通过门户网站、新闻媒体及监督电话，广泛接受群众监督。禁止集体代领“一折通”、“一卡通”或补贴资金，禁止用补贴资金抵扣相关费用。每年在补贴政策执行过程中、补贴资金全部发放后，要切实加强监督检查工作力度，对发现的问题及时进行整改。对弄虚作假、挤占、截留、挪用和套取补贴资金等违规违法行为，将依规依法给予严肃处理。

（四）加强政策宣传。

各地要研究制定具体宣传方案，加大宣传力度，充分利用新闻发布、广播、电视、网络、手机、明白卡、宣传手册等媒体工具和宣传手段，以及干部走村入户等方式，使用群众听得懂的语言广泛宣传，增强政策的透明度，使广大群众清楚地了解补贴政策的重大意义，掌握补贴政策要点，赢取广大群众对改革的理解和支持。

四、责任追究制度

玉米和大豆生产者补贴资金管理遵循“谁审批、谁负责”的原则，合理明确资金申报、分配、使用各个环节审批责任，做到责任清晰、管理规范。

（一）补贴资金申报环节。

具体资金申报单位或个人对提出的申报材料真实性、完整性负责。各级财政、农业和有关部门按照文件规定和部门职责分工，对资金申报材料的完整性、程序合规性进行审核并负责。

（二）补贴资金分配环节。

省、市财政部门和相关部门按照文件规定和部门职责分工，根据补贴资金管理相关规定公平、公正分配资金，并对资金分配结果的准确性负责。补贴资金分配到县后，需要细化落实分配到具体个人的，县级财政、农业等有关部门按照部门职责分工对补贴资金县内分配结果的准确性负责。因申报材料弄虚作假造成的资金分配结果不准确，由具体资金申报单位或个人负责，并按国家有关规定承担相应责任。

（三）补贴资金使用环节。

具体资金使用单位或个人对资金使用的合规性、有效性负责。

各级财政、农业和有关部门及其工作人员在资金申报、分配、使用等环节审批工作中，存在违反规定分配或使用资金，以及其他滥用职权、玩忽职守、徇私舞弊等违法违纪行为的，按照《预算法》《公务员法》《行政监督法》《财政违法行为处罚处分条例》等国家法律法规有关规定追究相应责任；涉嫌犯罪的，移送司法机关处理。

五、其他有关事宜

本方案自印发之日起施行。

此前印发的《辽宁省建立玉米生产者补贴制度实施方案》（辽财流〔2016〕476号）、《辽宁省玉米生产者补贴专项资金管理办法》（辽财流〔2016〕485号）、《关于加快推进全省玉米生产者补贴政策落实工作的通知》（辽财明电〔2016〕74号）、《关于明确玉米生产者补贴资金管理审批责任追究制度的通知》（辽财流〔2017〕78号）等一系列相关业务指导文件如与本方案不一致的，按照本方案执行。

黑龙江省玉米和大豆生产者补贴工作实施方案

为深入推进玉米“市场定价、价补分离”改革，调整完善大豆补贴政策，根据《财政部关于建立玉米生产者补贴制度的实施意见》（财建〔2016〕869号）和《财政部、国家发展改革委、农业部关于调整完善玉米和大豆补贴政策的通知》（财建〔2017〕118号）要求，结合我省实际，特制定本实施方案。

一、指导思想

以党的十八大和十八届三中、四中、五中、六中全会以及《中共中央 国务院关于深入推进农业供给侧结构性改革 加快培育农业农村发展新动能的若干意见》(中发〔2017〕1号)精神为指导，认真落实党中央、国务院和省委、省政府决策部署，保障玉米和大豆生产者基本收益，促进种植结构调整，加快推进实施农业供给侧结构性改革，提高农业发展质量和效益。

二、基本原则

(一)市场定价、价补分离。进一步完善玉米生产者补贴制度，自2017年起将大豆目标价格补贴政策调整为大豆生产者补贴政策，实现玉米和大豆补贴机制相衔接，玉米和大豆价格由市场决定，政府对玉米和大豆生产者给予一定补贴，生产者随行就市出售玉米和大豆，形成购销主体多元化和多渠道流通的市场格局。

(二)统筹资金、统一政策。省政府统筹安排中央补贴资金，科学确定玉米和大豆生产者补贴资金分配比例和规模。全省范围内施行统一的玉米和大豆生产者补贴政策，对玉米生产者和大豆生产者分别执行统一的玉米生产者补贴标准和大豆生产者补贴标准，充分发挥市场供求关系和价格机制对调整区域种植结构的决定性作用。

(三)保障收益、调整结构。在保证生产者种粮基本收益的基础上，结合补贴资金额度、补贴面积及结构调整方向等因素，对玉米生产者和大豆生产者实行差异化补贴标准，引导扩大大豆种植，促进种植结构优化调整，推动农业供给侧结构性改革。

（四）公开透明、公平公正。严格按照补贴政策落实改革措施，规范工作流程，健全补贴机制，实行面积公示、补贴公示和档案管理等制度，自觉接受各方监督，维护玉米和大豆实际生产者合法利益，确保财政补贴资金发挥政策效应。

三、主要内容

（一）补贴对象。玉米和大豆生产者补贴的对象为：本省行政区划范围内玉米、大豆合法实际种植面积的实际生产者（包括农民、农民专业合作社、企事业单位等）。补贴资金直接发放给实际生产者。通过转包、转让、租赁、土地入股、托管等形式流转土地（包括乡村机动地），且流转合同明确约定补贴归属流出方的，由合同双方按约定执行。

玉米、大豆合法实际种植面积是指拥有与村集体、乡级以上政府或有关单位（林业局、地方农牧场等）签订的土地承包、承租或开发使用合同，且用途为非林地、非草原、非湿地的耕地上实际种植玉米、大豆的面积。

下列情况不得享受补贴：

1.未经过申报、公示、审核的玉米和大豆种植面积；

2.在国家和省有明确退耕要求的土地上种植玉米和大豆的面积；

3.在未经批准开垦的土地或者在禁止开垦的土地上种植玉米和大豆的面积。

（二）补贴标准。根据全省玉米和大豆生产者补贴资金总额，省统计局、农委核实确认的玉米和大豆合法实际种植面积，玉米和大豆种植成本收益以及种植结构调整要求等因素，综合测算确定我省当年亩玉米和大豆生产者补贴标准。大豆生产者补贴标准原则上高于玉米生产者补贴标准。

（三）补贴程序。

1.面积核实。每年6月至8月中旬，各市（地）、县（市、区）政府（行署）和省农垦总局按照省统计局、农委的统一部署，组织统计、农业部门对辖区内玉米和大豆实际种植者申报的玉米和大豆种植面积开展入户调查和地块实地核实工作，并将调查核实的玉米和大豆合法实际种植面积，玉米和大豆生产者和流转地承包者姓名、身份证号码，地块坐落等信息在村屯、乡镇政府或农场（单位）进行张榜公示，确保玉米和大豆合法实际种植面积数据真实准确。8月25日前，各市（地）、县（市、区）政府（行署）和省农垦总局将审定后的辖区内玉米和大豆合法实际种植面积数据以正式文件（含电子版）报省统计局、农委，同时，各市（地）、县（市、区）统计和农业部门将补贴对象姓名、身份证号码、玉米和大豆合法种植面积等详细补贴信息函告同级财政部门，作为当年发放玉米和大豆生产者补贴的基础。8月底前，省统计局会同省农委将分县补贴面积以正式文件（含电子版）函告省财政厅，作为补贴资金测算和拨付依据。

2.补贴发放。9月15日前，省财政厅会同农业、统计、物价监管等有关部门研究拟定当年玉米和大豆生产者补贴标准，经省政府批准后，按照补贴标准和省统计局、农委核定的分县玉米和大豆合法实际种植面积测算分配补贴资金；省财政厅将补贴资金通过粮食风险基金专户直接拨付各市（地）、县（市、区）和省农垦总局。各市（地）、县（市、区）和省农垦总局在接到省级财政补贴资金后，由其财政（财务）部门根据同级统计、农业部门函告的补贴对象玉米和大豆合法实际种植面积及省政府确定的补贴标准，经公示无异议后，于9月底前通过粮食补贴“一折（卡）通”将补贴资金足额兑付给补贴对象。

（四）补贴监管。补贴资金专户实行封闭管理、分账核算。各地要建立补贴面积和补贴资金公示、档案管理和监督检查制度，设立并公布监督举报电话，接受群众监督。

四、组织实施

（一）强化组织领导。各地政府要切实加强组织领导，主要负责人是第一责任人，对本地玉米和大豆生产者补贴工作负总责。要结合实际，尽快制定完善本地切实可行的具体落实方案，明确任务、落实部门分工和责任，建立联席会议制度，统筹协调解决实施中的实际问题，确保改革顺利推进。

（二）明确职责分工。各有关部门要抓紧完善和细化有关政策措施，加强协调配合，完善工作机制，扎实推进各项工作。省财政厅作为玉米和大豆生产者补贴工作牵头部门，主要负责牵头研究制定我省补贴工作实施方案、制定玉米和大豆生产者补贴资金发放管理办法、明晰补贴范围、测算补贴标准，分配并拨付补贴资金，监督指导补贴资金管理发放。省统计局、农委主要负责组织开展补贴面积数据统计调查及核实工作。省农委牵头负责补贴政策宣传，加强玉米和大豆生产技术指导，提高粮食品质。省物价监管局主要负责做好玉米和大豆生产成本收益调查工作，并会同省粮食局、农委做好玉米和大豆市场价格监测工作。省农委、统计局、物价监管局负责配合省财政厅研究制定补贴实施工作方案，明晰补贴范围，研究测算当年玉米和大豆生产者补贴标准，组织开展对补贴工作的监督检查等。各地、各有关部门、各新闻单位等要各负其责，共同做好政策解读与政府信息公开工作。

（三）严格监督检查。各地、各有关部门要通过门户网站、新闻媒体及监督电话广泛接受群众监督。禁止补贴资金体外循环，禁止集体或个人代领转付补贴资金，禁止用补贴资金抵扣相关费用。每年补贴资金兑付后，各地要对补贴政策执行情况进行全面检查，省直有关部门要组织开展重点抽查，对发现的问题及时整改。对于滞拨、截留、挪用和骗取补贴资金以及擅自改变补贴标准、扩大补贴范围等违规行为依法依规给予严肃处理。对因工作不力造成不良影响和严重后果的单位和个人通报批评，严肃问责。

（四）加强政策宣传。各地、各有关部门要研究制定具体宣传方案，加大宣传力度，充分利用广播、电视、网络、手机、明白卡、宣传手册等媒体工具和宣传手段，以及干部走村入户等宣传方式，广泛宣传解读政策，增强政策的透明度，使广大群众及时清楚了解实行玉米和大豆生产者补贴政策的重大意义，掌握补贴对象、面积核实、补贴标准、资金兑付等政策要点，赢得广大群众对改革的理解和支持。

五、工作责任

玉米和大豆生产者补贴工作要遵循“谁审批、谁负责”的原则，明确补贴面积申报审核、补贴资金分配和拨付兑付各环节审批责任，做到责任清晰、管理规范。

（一）补贴面积申报审核环节责任。补贴面积申报单位或个人对提出的申报事项真实性、完整性负责。各级统计、农业等有关部门按照职责分工，对补贴面积进行核实确认并对核实结果负责。

（二）补贴资金分配环节责任。省财政厅和有关部门按照职责分工，根据补贴资金管理相关规定，公平、公正分配资金，并对资金分配到市（地）、县（市、区）和省农垦总局结果的准确性负责。市（地）、县（市、区）和省农垦总局有关部门按照职责分工，对补贴资金分配到补贴对象结果的准确性负责。因申报材料弄虚作假造成资金分配结果不准确的，由具体资金申报单位或个人以及补贴面积核实部门负责，并按照国家有关规定承担相应责任。

（三）补贴资金拨付兑付环节责任。财政部门具体负责拨付和组织商业银行兑付补贴资金，并对单位和个人兑付资金的合规性负责。

对各地、各部门及其工作人员在补贴面积申报审核、补贴资金分配和拨付兑付等环节审批工作中出现的问题，区分不同情况依法依规进行处理。对工作疏忽等非主观故意原因造成上报补贴面积不实不准的，省财政厅对多拨付的补贴资金予以收缴，由相关部门对责任单位和责任人进行问责追责；对主观故意弄虚作假骗取补贴资金、违反规定分配或拨付兑付资金以及其他滥用职权、玩忽职守、徇私舞弊等违法违纪行为，将依法依规追究相应责任；涉嫌犯罪的，移送司法机关处理。

2018年

农业农村部、财政部发布2018年财政重点强农惠农政策

贯彻落实中央农村工作会议、中央1号文件和全国“两会”精神，实施乡村振兴战略，深入推进农业供给侧结构性改革，加快推进农业农村现代化，2018年中央财政继续加大支农投入，强化项目统筹整合，完善资金使用管理机制。现将2018年农业农村部、财政部共同实施的财政重点强农惠农政策发布如下。

一、农民直接补贴

1.耕地地力保护补贴。补贴对象原则上为拥有耕地承包权的种地农民。补贴资金通过“一卡（折）通”等形式直接兑现到户。具体补贴依据、补贴条件、补贴标准由各省（区、市）继续按照《财政部、农业部关于全面推开农业“三项补贴”改革工作的通知》（财农〔2016〕26号）要求、结合本地实际具体确定，要保持政策的连续性、稳定性，确保广大农民直接受益。鼓励各省（区、市）创新方式方法，以绿色生态为导向，探索将补贴发放与耕地保护责任落实挂钩的机制，引导农民自觉提升耕地地力。

2.农机购置补贴。中央财政资金全国农机购置补贴机具种类范围为15大类42个小类137个品目，实行补贴范围内机具敞开补贴。补贴对象为从事农业生产的个人和农业生产经营组织。优先保证粮食等主要农产品生产所需机具和深松整地、免耕播种、

高效植保、节水灌溉、高效施肥、秸秆还田离田、残膜回收、畜禽粪污资源化利用、病死畜禽无害化处理等支持农业绿色发展机具的补贴需要。允许各省（区、市）选择不超过3个品目的产品开展农机新产品购置补贴试点，重点支持绿色生态导向和丘陵山区特色产业适用机具。

3.生产者补贴。在辽宁、吉林、黑龙江和内蒙古实施玉米及大豆生产者补贴。中央财政将玉米、大豆生产者补贴统筹安排，补贴资金采取“一卡（折）通”等形式兑付给生产者。具体补贴范围、补贴依据、补贴标准由各省（区）人民政府按照中央要求、结合本地实际具体确定，但大豆补贴标准要高于玉米。鼓励各省（区）将补贴资金向优势产区集中。为推动稻谷最低收购价改革，保护种粮农民收益，在相关稻谷主产省份实施稻谷补贴，中央财政将一定数额补贴资金拨付到省，由有关省份制定具体补贴实施方案。

4.棉花目标价格补贴。继续在新疆和新疆生产建设兵团实施棉花目标价格补贴政策，棉花目标价格水平三年一定，2017—2019年为每吨18600元。补贴资金采取“一卡（折）通”等形式直接兑付给棉花实际种植者。

二、支持新型农业经营主体发展

5.新型职业农民培育。全面建立职业农民制度，将新型农业经营主体带头人、现代青年农场主、农业职业经理人、农业社会化服务骨干和农业产业扶贫对象作为重点培育对象，以提升生产技能和经营管理水平为主要内容，培训新型职业农民100万人次。鼓励通过政府购买服务的方式，支持有能力的农民合作社、专业技术协会、农业龙头企业等主体承担培训工作。

6.农民合作社和家庭农场能力建设。以制度健全、管理规范、带动力强的国家农民合作社示范社、农民合作社联合社和示范家庭农场为扶持对象，支持发展绿色农业、生态农业，提高标准化生产、农产品加工、市场营销等能力。

7.农业生产社会化服务。支持农村集体经济组织、专业化农业服务组织、服务型农民合作社等具有一定能力、可提供有效稳定服务的主体，针对粮食等主导产业和农民急需的关键环节，为从事粮棉油糖等重要农产品生产的主体提供社会化服务，集中连片推广绿色生态高效现代农业生产方式，实现小农户和现代农业发展有机衔接。

8.农业信贷担保体系建设。健全全国农业信贷担保体系，推进省级信贷担保机构向市县延伸，实现实质性运营。重点服务种养大户、家庭农场、农民合作社等新型经营主体，以及农业社会化服务组织和农业小微企业，聚焦粮食生产、畜牧水产养殖、优势特色产业、农村新业态、农村一二三产业融合，以及高标准农田建设、农机装备设施、绿色生产和农业标准化等关键环节，提供方便快捷、费用低廉的信贷担保服务。支持各地采取担保费补助、业务奖补等方式，加快做大农业信贷担保贷款规模。

三、支持农业结构调整

9.耕地轮作休耕制度试点。中央财政支持耕地轮作休耕制度试点规模扩大到2400万亩，加上地方自主开展的600万亩，达到3000万亩。在辽宁、吉林、黑龙江、内蒙古和江苏、江西开展轮作试点；在河北黑龙港地下水漏斗区、湖南长株潭重金属污染区、西南石漠化区及西北生态严重退化区、黑龙江寒地井灌稻地下水超采区和新疆塔里木河流域地下水超采区开展休耕试点。中央财政对开展耕地轮作休耕制度试点的农户和新型经营主体给予适当补助。

10.粮改饲。粮改饲规模扩大到1200万亩，在河北、山西等17个省（区）实施，以“镰刀弯”地区为主。选择玉米种植面积大、牛羊饲养基础好、种植结构调整意愿强的县整体推进，采取以养带种方式推动种植结构调整。补助对象为规模化草食家畜养殖场（户）或专业青贮饲料收贮企业（合作社）。

11.高产优质苜蓿示范基地建设。在河北、山西等13个省（区）实施，支持饲草生产合作社、饲草生产加工企业、奶牛养殖企业（场）和奶农合作社集中连片种植高产优质苜蓿。示范基地原则上集中连片3000亩以上。

12.优势特色主导产业发展。支持各地以促进产业发展和农民增收为目标，围绕具有区域优势、地方特色的农业主导产业，着力发展优势特色主导产业带和重点生产区域。启动绿色优质农产品示范，通过标准化绿色化生产、全程化质量监管、全产业链经营、产业融合发展，做大做优做强优势特色产业，培育打造一批有影响力的区域公用品牌、企业品牌和产品品牌，示范推广产出高效、产品安全、资源节约、环境友好的现代农业发展模式。

四、支持农村产业融合发展

13.现代农业产业园建设。在省级推荐基础上，继续创建一批国家现代农业产业园，同时认定一批国家现代农业产业园。中央财政通过以奖代补方式给予适当支持。

14.农村一二三产业融合发展。深化农村一二三产业融合发展，实施产业兴村强县行动，以镇为平台，引导带动特色优势主导产业发展，加强农产品产地加工、包装、营销等，延伸产业链，提升价值链，拓展农业多功能性，发展休闲农业、智慧农业、农业文化产业，支持农业产业化，培育新产业、新业态、新模式。

15.信息进村入户整省推进示范。继续选择5个省（市）开展示范，依托现有的农村信息服务、金融保险、电商等平台，通过整合资源，完善功能，达到技术、市场、商务、政务等信息一站式服务。信息进村入户采取市场化建设运营，中央财政给予一次性奖补。

五、支持绿色高效技术推广服务

16.绿色高产高效创建。突出水稻、小麦、玉米三大谷物，兼顾薯类大豆、杂粮杂豆、棉油糖、菜果茶等品种，选择一批生产基础好、优势突出、特色鲜明、产业带动强的县开展整建制创建，示范推广绿色高产高效技术模式，增加绿色优质农产品供给。

17.基层农技推广体系改革与建设。支持实施意愿较高、完成任务好的农业县推进基层农技推广体系改革创新，探索公益性与经营性农技推广融合发展机制，允许农技人员开展技术转让、技术咨询等形式增值服务并合理取酬。支持江苏、浙江等8个省份开展农业重大技术协同推广试点，构建农业科研基地+区域示范基地+基层推广站+新型经营主体的“两地一站一体”链式农技推广服务新模式。在贫困地区特别是深度贫困地区以及其他有需求地区实施农技推广服务特聘计划。

18.农机深松整地。农机深松整地面积达到1.5亿亩以上，支持天津、河北等21个省（区、市）在适宜地区开展农机深松整地作业。作业深度一般要求达到或超过25厘米，打破犁底层。鼓励依托专业化服务组织开展社会化服务。东北四省区可根据农业生产实际需要，在适宜地区开展农机深翻（深耕）作业补助。

19.牧区畜牧良种推广。对内蒙古、四川等8个省（区）使用良种精液开展人工授精的肉牛养殖场（小区、户），以及存栏能繁母羊30只以上、牦牛能繁母牛25头以上的养殖户进行适当补助。

20.土地确权登记颁证。继续按计划推进农村土地承包经营权确权登记颁证和农垦国有土地使用权确权登记发证工作。

六、支持农业资源生态保护和面源污染防治

21.草原生态保护补助奖励。在内蒙古、四川、云南、西藏、甘肃、宁夏、青海、新疆等8个省（区）和新疆生产建设兵团实施禁牧补助、草畜平衡奖励和绩效评价奖励；在河北、山西、辽宁、吉林、黑龙江和黑龙江农垦总局实施“一揽子”政策和绩效评价奖励。

22.发展南方现代草地畜牧业。支持安徽、江西等8个省份实施南方现代草地畜牧业推进行动，以农牧业合作社和相关涉牧企业为主体，建设一批草地规模较大、养殖基础较好、发展优势较明显、示范带动能力强的牛羊生产基地，发展草地畜牧业。

23.耕地保护与质量提升。选择重点县分区域、分作物组装推广一批耕地质量建设和化肥减量增效技术模式，依托新型农业经营主体开展土壤培肥改良和科学施肥服务。

24.东北黑土地保护利用。在辽宁、吉林、黑龙江和内蒙古继续推进黑土地保护利用，扩大实施范围，新增一批重点县开展黑土地保护整建制推进试点，开展控制黑土流失、增加土壤有机质含量、保水保肥、黑土养育等技术措施和工程措施。

25.农作物秸秆综合利用试点。在农作物秸秆总量大的省（区）和环京津地区开展农作物秸秆综合利用试点，支持150个左右重点县实行整县推进，坚持多元利用、农用优先。

26.渔业增殖放流和减船转产。在流域性大江大湖、界江界河、资源退化严重海域等重点水域开展渔业增殖放流。推动海洋捕捞减船转产工作，支持渔船更新改造、渔船拆解、人工鱼礁、深水网箱、渔港及通讯导航等设施建设。

27.长江流域重点水域禁捕。建立长江流域重点水域禁捕补偿制度，支持长江流域水生生物保护区开展禁捕试点。

28.畜禽粪污资源化处理。继续选择部分生猪、奶牛、肉牛养殖重点县开展畜禽粪污资源化利用整县治理，支持有条件的地区开展整市、整省推进治理。按照政府支持、企业主体、市场化运作的方针，以就地就近用于农村能源和农用有机肥为主要利用方式，改造完善粪污收集、处理、利用等整套粪污处理设施，实现规模养殖场全部实现粪污处理和资源化利用，努力形成农牧结合种养循环发展的产业格局。

29.果菜茶有机肥替代化肥行动。选择150个果菜茶种植优势突出、有机肥资源有保障、有机肥施用技术模式成熟、产业发展有一定基础、地方有积极性的重点县开展有机肥替代化肥行动，以新型农业经营主体为承担主体，探索一批“果沼畜”“菜沼畜”“茶沼畜”等生产运营模式，推进资源循环利用。

30.推广地膜清洁生产技术。在内蒙古、甘肃和新疆开展废旧地膜回收整县推进试点，支持100个县建立健全废旧地膜回收加工体系，推动建立经营主体上交、专业化组织回收、加工企业回收、以旧换新等多种方式的回收利用机制。以棉花、玉米、马铃薯为重点作物，示范推广地膜覆盖、集雨补灌、抗旱抗逆等节水技术，地膜厚度不得低于0.01毫米。

31.地下水超采综合治理。以河北黑龙港流域为重点，开展地下水超采综合治理，推广农艺节水措施，实施耕地休耕试点。

32.重金属污染耕地综合治理。以湖南长株潭地区为重点，开展重金属污染耕地综合治理，推行种植结构调整，实施耕地休耕试点。

七、支持农业防灾救灾

33.农业生产救灾。立足地方先救灾、中央后补助，中央财政对各地农业重大自然灾害及生物灾害的预防控制、应急救灾和灾后恢复生产工作给予适当补助。

34.动物疫病防控。中央财政对动物疫病强制免疫、强制扑杀和养殖环节无害化处理工作给予适当补助。支持对符合条件的养殖场（户）实行强制免疫“先打后补”的补助方式。

35.农业保险保费补贴。纳入中央财政保险保费补贴范围的品种为玉米、水稻、小麦、棉花、马铃薯、油料作物、糖料作物、能繁母猪、奶牛、育肥猪、森林、青稞、牦牛、藏系羊和天然橡胶，按照农业保险“自主自愿”等原则，农民缴纳保费比例由各省自主确定，一般不超过20%，其余部分由各级财政按比例承担。在13个粮食主产省的200个大县深入实施农业大灾保险试点，启动实施三大粮食作物完全成本保险试点。

八、大县奖励政策

36.产粮（油）大县奖励。包括常规产粮大县奖励、超级产粮大县奖励、商品粮大省奖励、制种大县奖励、产油大县奖励。大县标准和资金使用要求按照《产粮（油）大县奖励资金管理暂行办法》(财建〔2016〕866号）执行。

37.生猪（牛羊）调出大县奖励。包括生猪调出大县奖励、牛羊调出大县奖励和省级统筹奖励资金。大县标准和资金使用要求按照《生猪（牛羊）调出大县奖励资金管理办法》(财建〔2015〕778号）执行。

2019年

农业农村部、财政部发布2019年重点强农惠农政策

2019年，贯彻落实中央农村工作会议、中央1号文件和全国“两会”精神，围绕实施乡村振兴战略，深入推进农业供给侧结构性改革，国家将继续加大支农投入，强化项目统筹整合，加快推进农业农村现代化。为便于广大农民和社会各界了解国家强农惠农政策，发挥政策引导的作用，现将2019年农业农村部、财政部实施的重点支农政策发布如下。

一、农业生产发展与流通

1.耕地地力保护补贴。补贴对象原则上为拥有耕地承包权的种地农民。补贴资金通过“一卡（折）通”等形式直接兑现到户。各省（自治区、直辖市）继续按照《财政部、农业部关于全面推开农业“三项补贴”改革工作的通知》（财农〔2016〕26号）要求，并结合本地实际具体确定补贴对象、补贴方式、补贴标准，保持政策的连续性、稳定性，确保广大农民直接受益。鼓励各地创新方式方法，以绿色生态为导向，探索将补贴发放与耕地保护责任落实挂钩的机制，引导农民自觉提升耕地地力。

2.农机购置补贴。各省（自治区、直辖市）在中央财政农机购置补贴机具种类范围内选取确定本省补贴机具品目，实行补贴范围内机具应补尽补，优先保证粮食等主要农产品生产所需机具和支持农业绿色发展机具的补贴需要，增加畜禽粪污资源化利用机具品目。对购买国内外农机产品一视同仁。补贴额依据同档产品上年市场销售均价测算，原则上测算比例不超过30%。

3.优势特色主导产业发展。围绕区域优势特色主导产业，着力发展一批小而精的特色产业集聚区，示范引导一村一品、一镇一特、一县一业发展。选择地理特色鲜明、具有发展潜力、市场认可度高的200个地理标志农产品，开展保护提升。实施绿色循环优质高效特色农业促进项目，形成一批以绿色优质农产品生产、加工、流通、销售产业链为基础，集科技创新、休闲观光、种养结合的农业产业集群。承担任务的相关省份从中央财政下达预算中统筹安排予以支持。

4.国家现代农业产业园。立足优势特色产业，聚力建设规模化种养基地为依托、产业化龙头企业带动、现代生产要素聚集、“生产+加工+科技”的现代农业产业集群。2019年继续创建一批国家现代农业产业园，择优认定一批国家现代农业产业园，着力改善产业园基础设施条件，提升公共服务能力。创建工作由各省（自治区、直辖市）负责，中央财政对符合创建条件的安排部分补助资金，通过农业农村部、财政部认定后，再视情况安排部分奖补资金。

5.农业产业强镇示范。以乡土经济活跃、乡村产业特色明显的乡镇为载体，以产业融合发展为路径，培育乡土经济、乡村产业，规范壮大生产经营主体，创新农民利益联结共享机制，建设一批产业兴旺、经济繁荣、绿色美丽、宜业宜居的农业产业强镇。中央财政通过安排奖补资金予以支持。

6.信息进村入户整省推进示范。2019年支持天津、河北、福建、山东、湖南、广西、云南等7个省（自治区、直辖市）开展示范。加快益农信息社建设运营，尽快修通修好覆盖农村、立足农业、服务农民的“信息高速公路”。信息进村入户采取市场化建设运营，中央财政给予一次性奖补。

7.奶业振兴行动。重点支持制约奶业发展的优质饲草种植、家庭牧场和奶业合作社发展。加快发展草牧业，积极推进粮改饲，大力发展苜蓿、青贮玉米、燕麦草等优质饲草料生产，促进鲜奶产量增加、品质提升。将奶农发展家庭牧场、奶业合作社等纳入新型经营主体培育工程进行优先重点支持，支持建设优质奶源基地。承担任务的相关省份从中央财政下达预算中统筹安排予以支持。

8.畜牧良种推广。在内蒙古、四川等8个主要草原牧区省份，对项目区内使用良种精液开展人工授精的肉牛养殖场（小区、户），以及存栏能繁母羊、牦牛能繁母牛养殖户进行补助。鼓励和支持推广应用优良种猪和精液，加快生猪品种改良。在黑龙江、江苏等10个蜂业主产省，实施蜂业质量提升行动，支持建设高效优质蜂产业发展示范区。承担任务的相关省份从中央财政下达预算中统筹安排予以支持。

9.重点作物绿色高质高效行动。以重点县为单位，突出水稻、小麦、玉米三大谷物和大豆及油菜、花生等油料作物，集成推广“全环节”绿色高质高效技术模式，探索构建“全过程”社会化服务体系和“全产业链”生产模式，辐射带动“全县域”生产水平提升，增加绿色优质农产品供给。承担任务的相关省份从中央财政下达预算中统筹安排予以支持。

10.农业生产社会化服务。支持农村集体经济组织、专业化农业服务组织、服务型农民合作社、供销社等具有一定能力、可提供有效稳定服务的主体，为从事粮棉油糖等重要农产品生产的农户提供农技推广、土地托管、代耕代种、统防统治、烘干收储等农业生产性服务。财政给予适当补助，降低农户的服务价格。

11.农机深松整地。支持适宜地区开展农机深松整地作业，全国作业面积达到1.4亿亩以上，作业深度一般要求达到或超过25厘米，打破犁底层。承担任务的相关省份从中央财政下达预算中统筹安排予以支持。东北四省区及广西壮族可根据农业生产实际需要，在适宜地区开展农机深翻（深耕）作业补助。

12.耕地轮作休耕制度试点。2019年，中央财政支持轮作休耕试点面积为3000万亩。其中，轮作试点2500万亩，主要在东北冷凉区、北方农牧交错区、黄淮海地区和长江流域的大豆、花生、油菜产区实施；休耕试点500万亩，主要在地下水超采区、重金属污染区、西南石漠化区、西北生态严重退化地区实施。

13.产粮大县奖励。对符合规定的常规产粮大县、超级产粮大县、产油大县、商品粮大省、制种大县、“优质粮食工程”实施省份给予奖励。常规产粮大县奖励资金作为一般性转移支付，由县级人民政府统筹安排；其他奖励资金按照有关规定用于扶持粮油产业发展。

14.生猪（牛羊）调出大县奖励。包括生猪调出大县奖励、牛羊调出大县奖励和省级统筹奖励资金。生猪调出大县奖励资金和牛羊调出大县奖励资金由县级人民政府统筹安排用于支持本县生猪（牛羊）生产流通和产业发展，省级统筹奖励资金由省级人民政府统筹安排用于支持本省（自治区、直辖市）生猪（牛羊）生产流通和产业发展。

15.玉米、大豆和稻谷生产者补贴。在辽宁、吉林、黑龙江和内蒙古实施玉米及大豆生产者补贴。中央财政将玉米、大豆生产者补贴拨付到省区，由地方政府制定具体的补贴实施办法，明确补贴标准、补贴对象、补贴依据等，并负责将补贴资金兑付给玉米、大豆生产者。为支持深化稻谷收储制度和价格形成机制改革，保障农民种粮收益基本稳定，国家继续对有关稻谷主产省份给予适当补贴支持。

二、农业资源保护利用

16.草原生态保护补助奖励。在内蒙古、四川、云南、西藏、甘肃、宁夏、青海、新疆等8个省（自治区）和新疆生产建设兵团实施禁牧补助、草畜平衡奖励；在河北、山西、辽宁、吉林、黑龙江和黑龙江农垦总局实施“一揽子”政策和绩效评价奖励，补奖资金可统筹用于国家牧区半牧区县草原生态保护建设，也可延续第一轮政策的好做法。

17.渔业增殖放流。在流域性大江大湖、界江界河、资源退化严重海域等重点水域开展渔业增殖放流，促进恢复或增加渔业种群的数量，改善和优化水域的渔业种群结构，实现渔业可持续发展。

18.渔业发展与船舶报废拆解更新补助。按照海洋捕捞强度与资源再生能力平衡协调发展的要求，支持渔民减船转产和人工鱼礁建设，促进渔业生态环境修复。适应渔业发展现代化、专业化的新形势，在严控海洋捕捞渔船数和功率数“双控”指标、不增加捕捞强度的前提下，有计划升级改造选择性好、高效节能、安全环保的标准化捕捞渔船。同时，支持深水网箱推广、渔港航标等公共基础设施，改善渔业发展基础条件。

19.长江流域重点水域禁捕补偿。中央财政采取一次性补助与过渡期补助相结合的方式，对长江流域重点水域禁捕工作给予支持，促进水生生物资源恢复和水域生态环境修复。其中，一次性补助由地方结合实际统筹用于收回渔民捕捞权和专用生产设备报废，直接发放到符合条件的退捕渔民。过渡期补助由各地统筹用于禁捕宣传动员、提前退捕奖励、加强执法管理、突发事件应急处置等与禁捕直接相关的工作。

20.果菜茶有机肥替代化肥行动。选择重点县，支持农民和新型农业经营主体使用畜禽粪污资源化利用产生的有机肥，集中推广堆肥还田、商品有机肥施用、沼渣沼液还田、自然生草覆盖等技术模式，探索一批“果沼畜”“菜沼畜”“茶沼畜”等生产运营模式，促进果菜茶提质增效和资源循环利用。

21.农作物秸秆综合利用试点。在全国范围内整县推进，坚持农用优先、多元利用，培育一批产业化利用主体，打造一批全量利用样板县。激发秸秆还田、离田、加工利用等各环节市场主体活力，探索可推广、可持续的秸秆综合利用技术路线、模式和机制。

22.畜禽粪污资源化处理。支持畜牧大县开展畜禽粪污资源化利用工作，实现畜牧养殖大县粪污资源化利用整县治理全覆盖。按照政府支持、企业主体、市场化运作的原则，以就地就近用于农村能源和农用有机肥为主要利用方式，新（扩）建畜禽粪污收集、利用等处理设施，以及区域性粪污集中处理中心、大型沼气工程，实现规模养殖场全部实现粪污处理和资源化利用，形成农牧结合、种养循环发展的产业格局。

23.地膜回收利用。在内蒙古、甘肃和新疆支持100个县整县推进废旧地膜回收利用，鼓励其他地区自主开展探索。支持建立健全废旧地膜回收加工体系，建立经营主体上交、专业化组织回收、加工企业回收、以旧换新等多种方式的回收利用机制，并探索“谁生产、谁回收”的地膜生产者责任延伸制度。

24.地下水超采综合治理。以河北黑龙港流域为重点，以休耕为重点开展种植结构调整，推广水肥一体化、设施棚面集雨、测墒灌溉、抗旱节水品种等农艺节水措施，建立旱作雨养种植的半休耕制度。

25.重金属污染耕地综合治理。以湖南长株潭地区为重点，加强产地与产品重金属监测，推广VIP（品种替代、灌溉水源净化、pH值调节）等污染耕地安全利用技术模式，探索可复制、可推广的污染耕地安全利用模式。推行种植结构调整，实施耕地休耕试点。

三、农田建设

26.高标准农田建设。2019年，按照“统一规划布局、统一建设标准、统一组织实施、统一验收考核、统一上图入库”五个统一的要求，在全国建设高标准农田8000万亩以上，并向粮食生产功能区、重要农产品生产保护区倾斜。在建设内容上，按照《高标准农田建设通则》，以土地平整、土壤改良、农田水利、机耕道路、农田输配电设备等为重点，推进耕地“宜机化”改造，加强农业基础设施建设，提高农业综合生产能力，落实好“藏粮于地、藏粮于技”战略。

27.东北黑土地保护利用。在辽宁、吉林、黑龙江和内蒙古四省（区）实施，建立集中连片示范区，集中展示一批黑土地保护利用模式。支持开展控制黑土流失、增加土壤有机质含量、保水保肥、黑土养育、耕地质量监测评价等技术措施和工程措施。鼓励新型农业经营主体和社会化服务组织承担实施任务。

四、农业科技人才支撑

28.农民合作社和家庭农场能力建设。支持县级以上农民合作社示范社及农民合作社联合社高质量发展，培育一大批规模适度的家庭农场。支持农民合作社和家庭农场建设清选包装、冷藏保鲜、烘干等产地初加工设施，开展“三品一标”、品牌建设等，提高产品质量安全水平和市场竞争力。

29.农业信贷担保服务。重点服务家庭农场、农民合作社、农业社会化服务组织、小微农业企业等农业适度规模经营主体。

充分发挥全国农业信贷担保体系作用，重点聚焦粮食生产、畜牧水产养殖、菜果茶等农林优势特色产业，农资、农机、农技等农业社会化服务，农田基础设施，以及农村一二三产业融合发展、精准扶贫项目，家庭休闲农业、观光农业等农村新业态。支持各地采取担保费补助、业务奖补等方式，降低适度规模经营主体融资成本，解决农业经营主体融资难、融资贵的问题。

30.新型职业农民培育。以农业职业经理人、现代青年农场主、农村实用人才带头人、新型农业经营主体骨干、农业产业扶贫对象作为重点培育对象，提升其生产技能和经营管理水平。支持有能力的农民合作社、专业技术协会、农业龙头企业等主体承担培训工作。

31.基层农技推广体系改革与建设。支持实施意愿高、完成任务好的农业县承担体系改革建设任务，强化乡镇为农服务体系建设，提升基层农技人员服务能力和水平，推广应用一批符合优质安全、节本增效、绿色发展的重大技术模式。在贫困地区全面实施农技推广服务特聘计划，从农业乡土专家、种养能手、新型农业经营主体技术骨干、科研教学单位一线服务人员中招募一批特聘农技员，为产业扶贫提供有力支撑。

五、农业防灾减灾

32.农业生产救灾。中央财政对各地农业重大自然灾害及生物灾害的预防控制、应急救灾和灾后恢复生产工作给予适当补助。支持范围包括农业重大自然灾害预防及生物灾害防控所需的物资材料补助，恢复农业生产措施所需的物资材料补助，灾后死亡动物无害化处理费，牧区抗灾保畜所需的储草棚（库）、牲畜暖棚和应急调运饲草料补助等。

33.动物疫病防控。中央财政对动物疫病强制免疫、强制扑杀和养殖环节无害化处理工作给予补助。强制免疫补助经费主要用于开展口蹄疫、高致病性禽流感、小反刍兽疫、布病、包虫病等动物强制免疫疫苗（驱虫药物）采购、储存、注射（投喂）以及免疫效果监测评价、人员防护等相关防控工作，以及对实施和购买动物防疫服务等予以补助。国家在预防、控制和扑灭动物疫病过程中，对被强制扑杀动物的所有者给予补偿，补助经费由中央财政和地方财政共同承担。国家对养殖环节病死猪无害化处理予以支持，由各地根据有关要求，结合当地实际，完善无害化处理补助政策，切实做好养殖环节无害化处理工作。

34.农业保险保费补贴。在地方财政自主开展、自愿承担一定补贴比例基础上，中央财政对水稻、小麦、玉米、棉花、马铃薯、油料作物、糖料作物、能繁母猪、奶牛、育肥猪、森林、青稞、牦牛、藏系羊和天然橡胶，以及水稻、小麦、玉米制种保险给予保费补贴支持，农民自缴保费比例一般不超过20%。继续开展并扩大农业大灾保险试点，保障水平覆盖“直接物化成本+地租”，保障对象覆盖试点地区的适度规模经营主体和小农户；在内蒙古、辽宁、安徽、山东、河南、湖北等6个省（自治区）各选择4个产粮大县继续开展三大粮食作物完全成本保险和收入保险试点，保障水平覆盖“直接物化成本+地租+劳动力成本”；中央财政启动对地方优势特色农产品保险实施奖补试点。

六、乡村建设

35.农村人居环境整治整体推进。贯彻落实《农村人居环境整治三年行动方案》，重点支持中西部地区以县为单位整县推进农村人居环境整治工作，推进农村生活垃圾、生活污水、厕所粪污治理和村容村貌提升等任务，加快补齐农村人居环境基础设施建设短板。

36.农村人居环境整治先进县奖励。贯彻落实《农村人居环境整治三年行动方案》和《国务院办公厅关于对真抓实干成效明显地方进一步加大激励支持力度的通知》(国办发2018〔117〕号)精神，按照《农村人居环境整治激励措施实施办法》对各省开展农村人居环境整治工作进行评价，确定拟推荐激励县名单。中央财政在分配年度农村综合改革转移支付资金时，对农村人居环境整治成效明显的县予以适当倾斜支持。

37.农村“厕所革命”整村推进。中央财政安排专项奖补资金，支持和引导各地以行政村为单元，整体规划设计，整体组织发动，同步实施户厕改造、公共设施配套建设，并建立健全后期管护机制。奖补行政村卫生厕所普及率原则上应达到85%以上。奖补资金主要支持粪污收集、储存、运输、资源化利用等设施建设和后续管护能力提升，兼顾户厕改造。奖补标准、方式等由各地结合实际确定。

黑龙江省2019年玉米、大豆和稻谷生产者补贴工作实施方案

为深入推进玉米“市场定价、价补分离”改革，进一步完善大豆补贴政策，落实国家深化稻谷收储制度改革部署，根据《财政部关于建立玉米生产者补贴制度的实施意见》(财建〔2016〕

869号）、《财政部 国家发展改革委 农业部关于调整完善玉米和大豆补贴政策的通知》（财建〔2017〕118号）和《财政部发展改革委 农业农村部 粮食和物资储备局关于稻谷补贴的实施意见》（财建〔2018〕405号）要求，结合我省实际，制定本方案。

一、指导思想

以习近平新时代特色社会主义思想为指导，全面贯彻党的十九大和十九届二中、三中全会和省委十二届五次全会精神，认真落实党中央、国务院和省委、省政府决策部署，保障玉米、大豆和稻谷生产者基本收益，促进我省粮食种植结构优化调整，保护利用地下水资源，扎实推进农业供给侧结构性改革，促进我省农业高质量发展，在更高水平上保障国家粮食安全。

二、基本原则

（一）统一政策，统筹安排。全省范围内施行统一的玉米、大豆和稻谷生产者补贴政策，对玉米和大豆生产者分别执行统一的玉米生产者补贴标准和大豆生产者补贴标准；对稻谷生产者分别执行统一的地表水灌溉补贴标准和地下水灌溉补贴标准。按照国家规定，并结合我省实际，省政府统筹安排中央补贴资金，合理确定玉米、大豆和稻谷生产者补贴资金分配规模。

（二）保障收益，调整结构。结合当年中央补贴资金额度、全省玉米、大豆和稻谷合法实际种植面积及种植结构调整方向等因素，政府对玉米、大豆和稻谷生产者给予一定补贴，保障生产者种粮基本收益，引导种植结构优化调整，鼓励大豆种植和地表水灌溉稻谷种植。

（三）公开透明，安全规范。严格落实兑现补贴政策，规范工作流程，健全补贴机制，实行面积公示、补贴公示和档案管理等制度，自觉接受各方监督，维护玉米、大豆和稻谷实际生产者合法权益，确保财政补贴资金发挥政策效应。补贴资金实行专户、专账管理，封闭运行。

三、主要内容

（一）补贴对象。本省辖区范围内玉米、大豆和稻谷合法实际种植面积的实际生产者（包括农民、农民专业合作社、企事业单位等）。补贴资金直接发放给实际生产者。

玉米、大豆和稻谷合法实际种植面积是指拥有与村集体、乡级以上政府或有关单位（林业局、地方农牧场等）签订的土地承包、承租或开发使用合同，且用途为非林地、非草原、非湿地的耕地上实际种植玉米、大豆和稻谷的面积。

下列情况不得享受补贴：

1.未经申报、公示、审核的玉米、大豆和稻谷种植面积；

2.在国家和省有明确退耕要求的土地上种植玉米、大豆和稻谷的面积；

3.在未经批准开垦的土地或者在禁止开垦的土地上种植玉米、大豆和稻谷的面积。

4.享受粮改饲试点政策的青贮玉米面积。

（二）补贴标准。根据省政府确定的全省玉米、大豆和稻谷生产者补贴资金总额，省统计、农业农村部门汇总核实认定的玉米和大豆合法实际种植面积以及省统计、农业农村和水利等部门汇总审核认定的地表水灌溉和地下水灌溉稻谷合法实际面积，我省玉米、大豆和稻谷种植成本收益以及种植结构调整要求等因素，综合测算确定我省当年玉米、大豆以及地表水灌溉和地下水灌溉稻谷亩补贴标准。适当提高玉米生产者补贴标准，大豆生产者补贴标准高于玉米生产者补贴标准200元以上；地表水灌溉稻谷亩补贴标准高于地下水灌溉稻谷40元以上（含40元）。

（三）补贴程序。

1.补贴面积申报核实。7月至8月10日，各市（地）、县（市、区）政府（行署）组织统计、农业农村、水利等有关部门通过自下而上的形式，开展玉米、大豆和稻谷合法实际种植面积的申报核实汇总工作。各行政村（单位）组织辖区内玉米、大豆和稻谷实际生产者申报生产者补贴，组织专人对申报信息进行核实确认后，报所在乡镇政府审核认定。乡镇政府对有关信息审核后，在村屯（单位）和乡镇政府同时张榜公示不少于5天，公示无异议后，将补贴信息逐级上报县（市、区）、市（地）政府（行署）审核汇总。

8月15日前，各市（地）、县（市、区）政府（行署）将汇总审核认定后的辖区内玉米、大豆和稻谷合法实际种植面积数据以正式文件（含电子版）报省统计局、农业农村厅和省水利厅；同时，各市（地）、县（市、区）统计和农业农村部门将补贴对象姓名（单位名称）、“一折（卡）通”账号（单位银行账号）、身份证号码、玉米、大豆和稻谷合法种植面积等详细补贴信息（含电子版）函告同级财政部门，作为当年发放玉米、大豆和稻谷生产者补贴的基础。

省农垦总局辖区内所属玉米、大豆和稻谷合法实际种植面积统计核实工作参照上述流程执行。

8月20日前，省统计局会同省农业农村厅、省水利厅将汇总审核认定后的分县（省农垦总局）合法实际种植面积数据以正式文件（含电子版）报送省财政厅，作为补贴资金测算和拨付依据。

2.补贴资金发放。8月31日前，省财政厅会同农业农村、统计、发改等有关部门测算拟定当年玉米、大豆和稻谷生产者补贴标准，经省政府批准后，将补贴资金通过粮食风险基金专户直接拨付各市（地）、县（市、区）和省农垦总局。各市（地）、县（市、区）和省农垦总局在接到省补贴资金后，由其财政（财务）部门根据同级统计、农业部门提供的补贴对象玉米、大豆和稻谷合法实际种植面积及省政府确定的补贴标准，将补贴资金到户明细数据在村屯（单位）和乡镇政府同时进行张榜公示，公示时间不少于5天；经公示无异议后，于9月15日前通过粮食补贴“一折（卡）通”将补贴资金足额兑付给补贴对象。

市县农发行机构将补贴资金通过粮食风险基金专户拨付至代发补贴的金融机构时，要在大额来账汇兑凭证（或其他凭证）中严格统一附言内容和格式，三项补贴资金统一附言内容分别为：“玉米生产者补贴”、“大豆生产者补贴”、“稻谷生产者补贴”。市县农发行或代发补贴的金融机构向实际种植者兑付补贴时，应在“一折（卡）通”摘要栏注明“玉米补”、“大豆补”、“稻谷补”等。

四、组织实施

（一）强化组织领导。各市（地）、县（市、区）人民政府（行署）和农垦总局要切实加强组织领导，主要负责人是第一责任人，对本地玉米、大豆和稻谷生产者补贴工作负总责。要结合当地实际，制定完善具体落实方案，明确任务和部门分工、责任，建立联席会议制度，统筹协调解决补贴政策实施中的实际问题，确保补贴发放工作顺利推进。

（二）明确职责分工。各地要按照本方案明确的职责分工完善和细化有关工作措施，加强统筹协调，完善工作机制。省财政厅作为玉米、大豆和稻谷生产者补贴工作牵头部门，主要负责牵头研究制定我省补贴工作实施方案、制定资金发放管理办法、测算补贴标准，分配拨付补贴资金，监督指导补贴资金管理发放；省统计局主要负责会同省农业农村、水利、财政、自然资源、林草、农垦、森工等部门（单位）起草制定玉米、大豆和稻谷合法实际种植面积统计核实文件，细化具体操作措施，开展补贴面积数据汇总审核上报工作；省水利厅主要负责组织核实、区分、确认各地稻谷合法实际种植面积中的地表水和地下水灌溉面积；省农业农村厅主要负责补贴政策宣传，加强玉米、大豆和稻谷生产技术指导，提高粮食品质；省发展改革委主要负责做好玉米、大豆和稻谷生产成本收益调查工作，并会同省粮食局、省农业农村厅做好玉米、大豆和稻谷市场价格监测工作；省农业农村厅、省统计局、省发展改革委等部门负责配合省财政厅研究制定补贴实施工作方案，研究测算当年玉米、大豆和稻谷生产者补贴标准，组织开展对补贴工作的督导检查等；省粮食局主要负责牵头做好引导多元市场主体积极入市收购玉米、大豆和稻谷等工作，防止出现“卖粮难”。各有关部门负责根据自身职能负责对补贴政策进行解读。

（三）加强政策宣传。各地及有关部门要研究制定具体宣传方案，加大宣传力度，充分利用广播、电视、网络等方式，广泛宣传解读生产者补贴政策，切实增强政策的透明度，使基层干部、群众、广大农户及时清楚了解玉米、大豆和稻谷生产者补贴政策内容，掌握补贴政策要点，提高补贴对象满意度。

（四）严格监督管理。补贴资金专户实行封闭管理、分账核算。各地及有关部门要通过门户网站、新闻媒体、监督电话广泛接受群众监督。严禁补贴资金“体外循环”，严禁集体或个人代领转付补贴资金，严禁用补贴资金抵扣其他费用。补贴资金兑付后，各地要组织所属部门对补贴政策执行情况进行全面自查，各市（地）、省农垦总局要对所辖（市、县、区、农场）补贴政策执行情况进行抽查，对发现的问题及时纠正处理。

五、工作责任

玉米、大豆和稻谷生产者补贴工作遵循“谁审批、谁负责”的原则，明确补贴面积申报审核、补贴资金分配和拨付兑付各环节审批责任，做到责任清晰、管理规范。

（一）补贴面积申报审核环节责任。实际生产者作为补贴的申报主体，对填报的数据和信息的真实性、准确性负责，应按照相关规定，进行玉米、大豆和稻谷合法种植面积的申报，如未进行申报则不享受生产者补贴。在补贴申报过程中如发生虚报、瞒报等骗取国家补贴资金等违规、违法行为，将取消其当年享受补贴资金的资格，并根据情节轻重追究其相应的法律责任。各级统计、农业农村、水利等有关部门应按照职责分工，对补贴面积进行汇总核实确认，并对数据汇总核实确认结果负责。

（二）补贴资金分配环节责任。省财政厅和有关部门按照职责分工，根据补贴资金管理相关规定，公平、规范分配资金，并对资金分配到市（地）、县（市、区）和省农垦总局结果的准确性负责。市（地）、县（市、区）政府（行署）和省农垦总局及其所属部门按照职责分工，对补贴资金分配到补贴对象结果的准确性负责。因申报材料弄虚作假造成资金分配结果不准确的，由具体资金申报单位或个人以及补贴面积核实部门负责，并依法依规承担相应责任。

（三）补贴资金拨付兑付环节责任。财政部门具体负责拨付补贴资金并组织省农发行和其他代发补贴金融机构兑付补贴资金，对拨付资金的合规性负责。

对各地、各部门及其工作人员在补贴面积申报核实、补贴资金分配和拨付兑付等环节审批工作中出现的问题，区分不同情况依法依规进行处理。对工作疏忽等非主观故意原因造成上报补贴面积不实不准的，省财政厅对多拨付的补贴资金予以收缴，面积数据出入较大的由相关部门对责任单位和责任人进行问责追责；对主观故意弄虚作假骗取补贴资金、违反规定分配或拨付兑付资金以及其他滥用职权、玩忽职守、徇私舞弊等违法违纪行为，依法依规进行处理并追究相关责任人的责任；涉嫌违法犯罪的，移送司法机关处理。

2020年

吉林省玉米和大豆生产者补贴实施方案

按照党中央、国务院的决策部署，国家决定完善东北三省和内蒙古的玉米和大豆生产者补贴政策。根据国家政策精神，为做好我省玉米和大豆生产者补贴工作，结合我省实际，制定本实施方案。

一、总体要求

（一）指导思想。认真落实国家政策精神，进一步完善我省玉米和大豆生产者补贴政策，保障优势产区农民种粮收益基本稳定，保持玉米和大豆播种面积基本稳定，巩固玉米和大豆收储制度改革成效，落实乡村振兴战略。

（二）基本原则。

1.市场定价、价补分离。玉米和大豆价格由市场形成，同时，对玉米和大豆生产者发放一定补贴。

2.确定基期、超出不补。从2020年开始，对玉米、大豆补贴面积实行基期管理，在基期面积范围内，可根据实际种植面积兑付补贴，超基期面积不补。

3.明确责任、分级落实。按照国家要求，省级负责制定全省补贴实施方案，核定分市县补贴总额，确定补贴对象、补贴范围、补贴依据及补贴资金管理原则等；市县要根据省补贴实施方案，负责制定具体的补贴实施方案，核定补贴面积，确定本地补贴标准，兑付补贴资金。

4.保障收益、稳定面积。省级补贴资金向玉米和大豆优势产区集中，保障优势产区农民种粮收益基本稳定，保持玉米和大豆播种面积基本稳定。

5.公开透明、加强监督。补贴资金发放要做到补贴标准明确，补贴面积准确，补贴对象无异议，操作流程规范、实施过程透明，自觉接受社会有关方面的监督。切实加强组织实施，充分利用已有渠道、人员机构等工作基础，确保补贴及时、足额、准确兑付。

二、主要内容

（一）明确基期面积。

1. 中央对省明确基期面积。中央财政对有关省玉米和大豆补贴面积不超过基期面积，2020－2022年保持不变。

2. 省对市县明确基期面积。省对市县明确可获得补贴的基期面积为2018年统计玉米播种面积和2019年统计大豆播种面积，2020－2022年保持不变。市县在基期面积范围内，可根据实际种植面积兑付补贴，即超基期面积部分不给予补贴。

（二）确定补贴额度。

1. 中央对省核定的补贴额度。国家主要综合考虑粮食供求平衡、农民种粮基本收益、中央财政承受能力等因素确定亩均补贴水平，报国务院批准后测算分配对各省补贴额度。

2. 省对市县核定的补贴额度。省对市县玉米补贴额度核定继续按照玉米播种面积和产量各占50%权重测算确定对各市县的补贴额度，大豆补贴额度核定继续按照大豆播种面积测算确定对各市县的补贴额度，省里不集中调剂补贴资金用于种植结构调整。补贴测算依据选择玉米和大豆基期面积相同年度统计数据。

3. 市县补贴额度的确定。市县根据省里核定下达的补贴资金、本地财力状况，确定对本地玉米和大豆生产者的补贴额度。允许调剂不超过10%的玉米和大豆生产者补贴资金用于种植结构调整，可因地制宜用于马铃薯种植、黑土地保护、优良品种和技术推广、品牌营销及市场化收购等方面，促进玉米和大豆生产向高质量发展转变，实现绿色可持续发展。

（三）明确补贴内容。

1.补贴对象。补贴对象原则上为全省范围内玉米和大豆生产者（包括农民、农业合作社、农场等）。通过转包、转让、租赁、土地入股、托管等形式流转土地的（包括乡村机动地），补贴资金应发放给实际玉米和大豆生产者；流转双方另有商定的，经流转双方确认同意按双方商定意见办理。如土地承包者领取的，有关地方政府要引导承包者相应减少土地流转费，真正让玉米和大豆生产者受益。

2.补贴范围。补贴范围为基期面积范围内合法耕地上玉米和大豆种植面积；补贴范围不包括国家及省明确退耕的土地、未经批准开垦耕种的土地或者禁止开垦耕种的土地等非合法耕地上的种植面积、虚报面积。

3.补贴依据。生产者符合补贴范围的当年实际玉米和大豆种植面积。

4.补贴标准。各市县根据地域种植特点、玉米和大豆未来预期收益比较、区域产业发展等实际情况，在尊重农民意愿的前提下，按照效益优先的原则，合理确定玉米和大豆生产者的补贴标准。

（四）补贴资金的管理。

1.实行专户管理。生产者补贴纳入粮食风险基金专户管理，与专户内其他补贴资金分账核算，单独反映，不得相互混用。

2.实行公示制度。各市县财政部门要做好与农业部门的对接工作，确保农业部门提供的玉米和大豆生产者补贴信息与财政部门补贴发放信息有效衔接。要继续坚持与完善此前行之有效的补贴公示制度等，对经审核确定的玉米和大豆生产者的补贴面积、补贴标准、补贴金额等补贴信息要在村屯和乡（镇）政府或农场（单位）张榜公示。要做到三准确、三公开，即补贴面积、补贴标准、补贴数额准确，切实做到公开、公正、公平。建立并不断完善补贴信息档案管理制度，及时掌握土地流转等情况，对补贴对象信息动态更新，确保相关补贴信息完整真实。

3.规范发放管理。各市县要加强与有关金融部门密切配合，充分利用现有工作基础，将补贴资金通过直接汇入补贴对象银行卡、存折等支付工具（以下简称“一卡通”）的方式及时足额发放，严禁发放现金。发放给农业合作社、农场等单位的补贴，要通过单位对公账户发放。

三、工作要求

市县政府和相关部门要充分认识到落实玉米和大豆生产者补贴政策的重大意义，切实加强组织领导，强化工作措施，注重宣传引导，明确责任分工，加大工作力度，确保补贴政策落实。

（一）强化组织领导。为切实加强组织领导，落实玉米和大豆生产者补贴政策，省级建立部门间协作机制，成立由省财政厅、省发改委、省农业农村厅、省粮食和储备局、省统计局、国家统计局吉林调查总队组成的协调工作组（下设办公室），统一组织实施完善全省玉米和大豆生产者补贴政策工作，明确部门职责分工，齐心协力开展相关工作。省财政厅牵头，会同省发展改革委、省农业农村厅、省粮食和储备局研究制定全省玉米和大豆生产者补贴实施方案，指导市县做好补贴资金发放工作；省农业农村厅、省统计局负责指导市县做好玉米和大豆种植面积核定统计工作；省粮食和储备局负责统筹做好玉米和大豆收购工作；国家统计局吉林调查总队负责提供相关统计调查数据配合补贴资金测算。市县政府负责本区域内玉米和大豆生产者补贴政策具体落实工作，根据国家和省里要求研究制定具体实施方案，建立部门间协调机制，明确责任分工。市县政府要积极采取措施，规范土地流转，引导土地流转双方确定补贴发放对象，避免发生纠纷，确保补贴及时、足额发放。

（二）严格监督检查。各市县要通过门户网站、新闻媒体及监督电话，广泛接受群众监督。禁止集体代领“一卡通”或补贴资金，禁止用补贴资金抵扣相关费用。在每年补贴资金兑付后，要对补贴政策执行情况进行全面检查，对发现的问题及时整改。

（三）加大政策宣传。各市县要研究制定具体宣传方案，加大政策宣传解读力度，充分利用广播、电视、网络、宣传手册等媒体工具和宣传手段，以及干部走村入户等宣传方式，及时回应社会关切，使广大群众清楚地了解玉米和大豆生产者补贴政策，掌握补贴对象、补贴标准、资金兑付等政策要点，确保补贴政策有力有序有效落实。

四、责任追究

玉米和大豆生产者补贴管理遵循分级管理、分级负责的原则，明确补贴资金申报、分配、使用环节的审批责任，谁审批、谁负责，做到责任清晰、管理规范。

（一）在资金申报环节。具体补贴资金申报者对提供的申报材料真实性、准确性、完整性负责。市县有关部门按照文件规定和部门职责分工，对补贴资金申报材料的完整性、程序合规性进行审核并负责。

（二）在资金分配环节。省里有关部门按照文件规定和部门职责分工，根据补贴资金管理相关规定公平、公正分配资金，并对资金分配结果的准确性负责。补贴资金分配到市县后，需要市县细化落实分配到具体申报者的，市县有关部门按照部门职责分工对补贴资金分配结果的准确性负责。因申报材料弄虚作假等原因造成的资金分配结果不准确，由补贴资金申报者负责。

（三）在资金使用环节。具体资金使用者对资金使用的合规性、有效性负责。

各级有关部门及其工作人员在补贴资金申报、分配、使用等环节审批工作中，存在弄虚作假、挤占、截留和套取补贴资金，违反规定分配或使用资金，以及其他滥用职权、玩忽职守、徇私舞弊等违法违纪行为的，依法依规进行处理并追究相应责任；涉嫌违法犯罪的，移送司法机关处理。

本方案自印发之日起执行，由省财政厅、省发展改革委、省农业农村厅、省粮食和储备局负责解释。原《关于印发〈吉林省玉米、大豆生产者补贴实施办法〉的通知》（吉财粮〔2019〕272号）同时废止。

黑龙江省2020—2022年玉米和大豆生产者补贴工作实施方案

为进一步完善玉米和大豆生产者补贴政策，根据《财政部 发展改革委 农业农村部〈关于完善玉米和大豆生产者补贴政策〉的通知》（财建〔2020〕41号）要求，结合我省实际，制定本方案。

一、指导思想

以习近平新时代中国特色社会主义思想为指导，全面贯彻党的十九大和十九届二中、三中、四中全会精神，认真落实党中央、国务院和省委、省政府决策部署，保障玉米和大豆生产者种粮基本收益，促进我省粮食种植结构优化调整，扎实推进农业供给侧结构性改革，在更高水平上保障国家粮食安全。

二、基本原则

（一）统一政策，统筹安排。全省范围内施行统一的玉米和大豆生产者补贴政策，对玉米和大豆生产者分别执行统一的玉米生产者补贴标准和大豆生产者补贴标准；按照国家规定，以省为单位分别设定玉米和大豆基期面积，2020–2022年保持不变。省统筹安排中央补贴资金，合理确定玉米和大豆生产者补贴资金规模，根据各地合法实际种植面积在基期面积范围内兑付补贴资金，如全省合法实际种植面积超过基期面积，对超出部分不予补贴。

（二）保障收益，优化结构。结合当年中央补贴资金额度、基期面积、全省玉米和大豆实际种植面积及种植结构调整方向等因素，政府对玉米和大豆生产者给予一定补贴，保障生产者种粮基本收益，引导区域种植结构优化调整，保持全省玉米和大豆种植面积基本稳定。

（三）公开透明，安全规范。严格落实兑现补贴政策，规范工作流程，健全补贴机制，实行面积公示、补贴公示和档案管理等制度，自觉接受各方监督，维护玉米和大豆生产者合法权益，确保财政补贴资金发挥政策效应。补贴资金实行专户、专账管理，封闭运行。

三、主要内容

（一）补贴对象。本省辖区范围内玉米和大豆合法实际种植面积的实际生产者（包括农民、农民专业合作社、企事业单位等）。补贴资金直接发放给实际生产者。

（二）补贴范围。本省辖区基期面积范围内的玉米、大豆合法实际种植面积。国家和省已明确退耕的土地和未经批准开垦的土地等非合法耕地上种植的玉米和大豆面积、未经申报公示审核的玉米和大豆种植面积、享受粮改饲补贴试点政策的青贮玉米面积以及超出基期的玉米和大豆合法实际种植面积，不给予补贴。

（三）补贴标准。根据省政府确定的全省玉米和大豆生产者补贴资金总额、全省玉米和大豆合法实际种植面积和基期面积、我省玉米和大豆种植成本收益以及种植结构调整要求等因素，综合测算确定我省当年玉米和大豆每亩补贴标准。

（四）补贴程序。

1.合法实际种植面积申报核实。各市（地）、县（市、区）政府（行署）及省农垦总局根据本方案规定的补贴范围政策口径，结合本地（辖区）实际，细化玉米和大豆合法实际面积的核实口径及核实办法，由当地统计部门牵头会同农业农村等相关部门通过自下而上的形式，开展玉米和大豆合法实际种植面积的申报、核实、汇总、上报等工作，省里将不再单独印发面积核实相关文件。各行政村（单位）组织辖区内玉米和大豆实际生产者申报生产者补贴，组织专人对申报信息进行核实确认后，报所在乡镇政府审核认定。乡镇政府对有关信息审核后，在村屯（单位）和乡镇政府同时张榜公示不少于5天，公示无异议后，将补贴信息逐级上报县（市、区）、市（地）政府（行署）审核汇总。森工、林业所属林场（森工经营所、农场）、监狱局系统所属劳改农场、中国融通等中直、省直系统所属单位合法耕地所种植的玉米和大豆，按属地管理原则到当地政府登记申报。

8月20日前，各市（地）政府（行署）将汇总审核认定后的辖区内玉米和大豆合法实际种植面积数据以市地政府正式文件（含电子版）报省农业农村厅；同时，各市（地）、县（市、区）统计部门将补贴对象姓名（单位名称）、“一折（卡）通”账号（单位银行账号）、身份证号码、玉米和大豆合法种植面积等详细补贴信息（含电子版）函告同级财政部门，作为当年发放玉米和大豆生产者补贴的基础。

省农垦总局辖区内玉米和大豆合法实际种植面积申报核实工作参照上述流程执行。

9月1日前，省农业农村厅将汇总后的分县及省农垦总局玉米和大豆合法实际种植面积数据以正式文件（含电子版）报送省财政厅，作为补贴资金测算和拨付依据。

2.补贴资金发放。9月15日前，省财政厅会同农业农村、发展改革、粮食等有关部门在补贴基期范围内拟定当年补贴面积和玉米、大豆生产者补贴标准，经省政府批准后，将补贴资金通过粮食风险基金专户直接拨付各市（地）、县（市、区）和省农垦总局。各市（地）、县（市、区）和省农垦总局在接到省补贴资金后，由其财政（财务）部门及时将补贴对象玉米和大豆合法实际种植面积、补贴面积（合法实际种植面积剔除超基期部分）、补贴标准和补贴资金等到户明细数据在村屯（单位）和乡镇政府同时进行张榜公示，公示时间不少于5天；经公示无异议后，于9月30日前通过粮食补贴“一折（卡）通”将补贴资金足额兑付给补贴对象。

市县农发行将补贴资金通过粮食风险基金专户拨付至代发补贴的金融机构时，要在大额来账汇兑凭证（或其他凭证）中严格统一附言内容和格式，两项补贴资金统一附言内容分别为：“玉米生产者补贴”和“大豆生产者补贴”。市县农发行或代发补贴的金融机构向实际种植者兑付补贴时，应在“一折（卡）通”摘要栏注明“玉米补”、“大豆补”等。

四、组织实施

（一）强化组织领导。各市（地）、县（市、区）人民政府（行署）和农垦总局要切实加强组织领导，主要负责人是第一责任人，对本地玉米和大豆生产者补贴工作负总责。要结合当地实际，制定完善具体落实方案，明确任务和部门分工、责任，建立联席会议制度，统筹协调解决补贴政策实施中的实际问题，确保补贴发放工作顺利推进。

（二）明确职责分工。各地要按照本方案明确的职责分工完善和细化有关工作措施，加强统筹协调，完善工作机制。省财政厅作为玉米和大豆生产者补贴工作牵头部门，负责牵头研究制定我省补贴工作实施方案、制定资金发放管理办法、测算补贴标准，分配拨付补贴资金，监督指导补贴资金管理发放；省农业农村厅负责全省玉米和大豆合法实际种植面积市地数据汇总和补贴政策宣传工作，并对市县玉米和大豆生产技术提高等进行指导；

省发展改革委负责做好玉米和大豆生产成本收益调查工作，并配合省粮食局做好玉米、大豆市场价格监测工作；省粮食局负责牵头做好引导多元市场主体积极入市收购玉米和大豆等工作，防止出现“卖粮难”；有关部门负责根据自身职能对补贴政策进行解读；各市县政府和省农垦总局负责在省总体补贴政策框架内，结合各地实际制定本地具体补贴工作实施方案，细化合法实际种植面积核实口径，组织开展本地玉米和大豆合法实际种植面积申报核实和补贴资金发放兑付工作，对本辖区内合法种植面积数据负责并做好相关政策解释工作。

（三）加强政策宣传。各地及有关部门要研究制定具体宣传方案，加大宣传力度，充分利用广播、电视、网络等方式，广泛宣传解读生产者补贴政策，切实增强政策的透明度，使基层干部、群众、广大农户及时清楚了解玉米和大豆生产者补贴政策内容，掌握补贴政策要点，提高补贴对象满意度。

（四）严格监督管理。补贴资金专户实行封闭管理、分账核算。各地及有关部门要通过门户网站、新闻媒体、监督电话广泛接受群众监督。严禁补贴资金“体外循环”，严禁集体或个人代领转付补贴资金，严禁用补贴资金抵扣其他费用。补贴资金兑付后，各地要组织所属部门对补贴政策执行情况进行全面自查；各市（地）、省农垦总局要对所辖（市、县、区、农场）补贴政策执行情况进行抽查，对发现的问题及时纠正处理。

五、工作责任

玉米和大豆生产者补贴工作遵循“谁审批、谁负责”的原则，明确补贴面积申报核实、补贴资金分配和拨付兑付各环节审批责任，做到责任清晰、管理规范。

（一）补贴面积申报审核环节责任。玉米和大豆实际生产者作为补贴资金的申报主体，对填报的数据和信息的真实性、准确性负责。在申报过程中发生虚报、串报等骗取国家补贴资金等违规、违法行为的，取消其当年享受补贴资金的资格，并依法追究其法律责任。各市（地）、县（市、区）政府（行署）和省农垦总局对本辖区合法实际种植面积数据核实上报结果负责。

（二）补贴资金分配环节责任。省财政厅和有关部门按照职责分工，公平、规范分配资金，并对资金分配到市（地）、县（市、区）和省农垦总局结果的准确性负责。各市（地）、县（市、区）政府（行署）和省农垦总局及其所属部门按照职责分工，对补贴资金分配到补贴对象结果的准确性负责。因申报过程弄虚作假造成资金分配结果不准确的，由具体资金申报单位或个人以及补贴面积核实部门负责，并依法追究其法律责任。

（三）补贴资金拨付兑付环节责任。财政部门具体负责拨付补贴资金并组织农发行和其他代发补贴金融机构兑付补贴资金，对拨付资金的合规性负责。

对各地、各部门及其工作人员在补贴面积申报核实、补贴资金分配和拨付兑付等环节审批工作中出现的问题，区分不同情况依法依规进行处理。对工作疏忽等非主观故意原因造成上报补贴面积不实不准的，省财政厅对多拨付的补贴资金予以收缴，面积数据出入较大的由相关部门对责任单位和责任人进行问责追责；对主观故意弄虚作假骗取补贴资金、违反规定分配或拨付兑付资金以及其他滥用职权、玩忽职守、徇私舞弊等违法违纪行为，依法依规进行处理并追究相关责任人的责任；涉嫌违法犯罪的，移送司法机关处理。

2021年

财政部、农业农村部发布 2021年重点强农惠农政策

2021年，贯彻落实党的十九届五中全会、中央经济工作会议、中央农村工作会议、中央1号文件精神，围绕巩固拓展脱贫攻坚成果、全面推进乡村振兴、加快农业农村现代化，突出保供固安全、振兴畅循环，国家将继续加大支农投入，强化项目统筹整合，推进重大政策、重大工程、重大项目顺利实施。为便于广大农民和社会各界了解国家强农惠农政策，发挥政策引导的作用，现将2021年财政部、农业农村部实施的重点强农惠农政策发布如下。

一、粮食生产发展

1.农机购置补贴。各地在中央财政农机购置补贴机具种类范围内选取确定本省补贴机具品目，实行补贴范围内机具应补尽补。将粮食生产薄弱环节、丘陵山区特色农业生产急需的机具以及高端、复式、智能农机产品的补贴额测算比例提高至35%。将育秧、烘干、标准化猪舍、畜禽粪污资源化利用等成套设施装备纳入农机新产品补贴试点范围。全面推行限时办理，将补贴申请受理与核验、补贴资金兑付的工作时限分别压缩至15个工作日

以内。

2.重点作物绿色高质高效行动。集成组装推广区域性、标准化高产高效技术模式，在更大规模、更高层次上提升优良食味稻米、优质专用小麦、高油高蛋白大豆、双低双高油菜等粮棉油糖果菜茶生产能力，同时因地制宜推广测墒节灌、水肥一体化、集雨补灌、蓄水保墒等旱作节水农业技术，示范带动大面积区域性均衡发展，促进粮食等农作物稳产高产、节本增效和提质增效。

3.农业生产社会化服务。支持符合条件的农村集体经济组织、农民合作社、农业服务专业户和服务类企业面向小农户开展社会化服务，重点满足小农户在粮棉油糖等重要农产品生产中关键和薄弱环节的专业化服务需求。加大对南方早稻主产省、丘陵地区发展统防统治、代耕代种代收等粮食生产社会化服务的支持力度。采取以奖代补、作业补贴等多种方式，推进集中连片开展农业生产社会化服务。

4.基层农技推广。以国家现代农业科技示范展示基地和区域示范基地等为平台，示范推广重大引领性技术和农业主推技术。实施重大技术协同推广任务，熟化一批先进技术，组建技术团队开展试验示范和观摩活动，加快产学研推多方协作的技术集成创新推广。继续实施农技推广特聘计划，通过政府购买服务等方式，从乡土专家、新型农业经营主体、种养能手中招募特聘农技员。

5.玉米大豆生产者补贴、稻谷补贴和产粮大县奖励。为保障国家粮食安全，国家继续实施玉米和大豆生产者补贴、稻谷补贴和产粮大县奖励等政策，巩固农业供给侧结构性改革成效。

6.实际种粮农民一次性补贴。为保障农民种粮有合理收益，保护好农民种粮积极性，2021年中央财政对实际种粮农民发放一次性补贴，释放支持粮食生产积极信号，稳定农民收入，补贴资金向粮食主产区倾斜。

二、耕地保护与质量提升

7.耕地地力保护补贴。补贴对象原则上为拥有耕地承包权的种地农民，补贴资金通过“一卡（折）通”等形式直接兑现到户，严禁任何方式统筹集中使用，严防“跑冒滴漏”，确保补贴资金不折不扣发放到农民手中。按照《财政部办公厅 农业农村部办公厅关于进一步做好耕地地力保护补贴工作的通知》（财办农〔2021〕11号）要求，探索耕地地力保护补贴发放与耕地地力保护行为相挂钩的有效机制，加大耕地使用情况的核实力度，做到享受补贴农民的耕地不撂荒、地力不下降，切实推动落实“藏粮于地”战略部署，遏制耕地“非农化”。

8.高标准农田建设。按照“统一规划布局、统一建设标准、统一组织实施、统一验收考核、统一上图入库”五个统一的要求，2021年在全国建设高标准农田1亿亩，并向粮食生产功能区、重要农产品生产保护区倾斜。在建设内容上，按照《高标准农田建设通则》，以土地平整、土壤改良、农田水利、机耕道路、农田输配电设备等为重点，推进耕地“宜机化”改造，加强农业基础设施建设，提高农业综合生产能力。

9.东北黑土地保护。聚焦黑土地保护重点县，集中连片加强黑土地保护，强化培育肥沃耕层，旱地集中连片推进秸秆深翻还田、碎混还田等技术，水田推行秸秆秋翻压春搅浆还田等技术，增加耕地土壤有机质、打破压实层，开展综合提质培肥。

继续稳步实施东北黑土地保护性耕作行动计划，支持在适宜区域推广应用秸秆覆盖免（少）耕播种等关键技术，有效减轻风蚀水蚀、增加土壤有机质、增强保墒抗旱能力、提高农业生态效益和经济效益。

10.耕地质量保护与提升。在重点作物绿色高质高效行动县协同开展化肥减量增效示范，引导企业和社会化服务组织开展科学施肥技术服务，支持农户和新型农业经营主体应用化肥减量增效新技术新产品；继续支持做好耕地质量等级调查评价与监测、取土化验、田间肥效试验等测土配方施肥基础性工作。在耕地酸化、盐碱化较严重区域，集成推广施用土壤调理剂、绿肥还田、耕作压盐、增施有机肥等措施，开展退化耕地治理。在西南、华南等地区，因地制宜采取品种替代、水肥调控、农业废弃物回收利用等环境友好型农业生产技术，加强生产障碍耕地治理。

11.耕地轮作休耕。立足资源禀赋、突出生态保护、实行综合治理，进一步探索科学有效轮作模式，重点在东北地区推行大豆薯类—玉米、杂粮杂豆春小麦—玉米等轮作，在黄淮海地区推行玉米—大豆或花生—玉米等轮作，在长江流域推行稻油、稻稻油等轮作。继续在河北地下水漏斗区、黑龙江三江平原井灌稻地下水超采区、新疆塔里木河流域地下水超采区实施休耕试点。

12.农机深松整地。以提高土壤蓄水保墒能力为目标，支持适宜地区开展农机深松整地作业，促进耕地质量改善和农业可持续发展。深松整地作业一般要求达到25厘米以上。每亩作业补助原则上不超过30元，具体补助标准和作业周期由各地因地制宜确定。

三、种业创新发展

13.种质资源保护。支持加快推进第三次全国农作物种质资源普查收集，启动实施第三次全国畜禽遗传资源普查，强化种质资源安全保存和精准鉴定。支持符合条件的国家级畜禽遗传资源保种场、保护区和基因库开展畜禽遗传资源保护，支持符合条件的国家畜禽核心育种场、种公畜站、奶牛生产性能测定中心等开展种畜禽生产性能测定。

14.畜牧良种推广。在主要草原牧区省份对项目区内符合条件的养殖户进行适当补助，支持牧区畜牧良种推广。在生猪大县实施生猪良种补贴，加快生猪品种改良。在黑龙江等10个蜂业主产省，实施蜂业质量提升行动，支持开展蜜蜂遗传资源保护利用、良种繁育推广、现代化养殖加工技术及设施推广应用、蜂产品质量管控体系建设，推动蜂业全产业链质量提升。

15.制种大县奖励。2021年，在现有国家级制种大县范围内，聚焦稻谷、小麦、玉米、大豆、油菜等重点粮油品种，聚焦种子生产、加工短板弱项，创新基地建设和发展模式，推动优势基地和龙头企业合作共建，强化新技术、新工艺、新装备应用，促进种业转型升级，实现高质量发展。

四、畜牧业健康发展

16.推进奶业振兴。支持苜蓿种植、收获、运输、加工和储存等，增强苜蓿等优质饲草料供给能力，降低奶牛饲养成本，提高生鲜乳质量安全水平。支持家庭牧场、奶业合作社提升生产能力和质量水平。

17. 实施粮改饲。以北方农牧交错带为重点，支持牛羊养殖场（户）和饲草专业化服务组织收储青贮玉米、苜蓿、燕麦草等优质饲草，通过以养带种的方式加快推动种植结构调整和现代饲草产业发展。

18. 实施肉牛肉羊增量提质行动。在北方农牧交错带和南方牛（羊）产业基础相对较好的养殖大县，支持开展基础母牛扩群提质和种草养牛养羊全产业链发展，引导增加基础母牛存栏，建立牛羊生产草畜配套、种养结合发展机制，提高牛羊肉产品供给能力。

19. 生猪（牛羊）调出大县奖励。包括生猪调出大县奖励、牛羊调出大县奖励和省级统筹奖励资金。生猪调出大县奖励资金和牛羊调出大县奖励资金由县级人民政府统筹安排用于支持本县生猪（牛羊）生产流通和产业发展，省级统筹奖励资金由省级人民政府统筹安排用于支持本省（自治区、直辖市）生猪（牛羊）生产流通和产业发展。

五、农业全产业链提升

20. 农业产业融合发展。统筹中央财政产业融合发展政策任务资金，引导各地聚焦主导产业，优化产业布局，整体衔接推进，新创建50个国家现代农业产业园、50个优势特色产业集群、298个农业产业强镇，推动乡村产业形态更高级、布局更优化、结构更合理。引导各省立足优势和资源禀赋，瞄准农业全产业链开发，明确发展主导产业和优先顺序，构建以产业强镇为基础、产业园为引擎、产业集群为骨干，省县乡梯次布局、点线面协同推进的现代乡村产业体系，加快推动品种培优、品质提升、品牌培育和标准化生产，整体提升产业发展质量效益和竞争力。中央财政分年分类对批准创建的国家现代农业产业园、优势特色产业集群、农业产业强镇给予奖补支持。鼓励创新资金使用方式，采取直接补助、政府购买服务、先建后补、以奖代补等方式，引导和撬动金融和社会资本参与建设，促进市场投资主体和农民合理分享增值收益，提高产业发展的内在活力和竞争力。择优支持创建一批粮食、种业、肉牛产业园和产业集群。

21.农产品产地冷藏保鲜设施建设。坚持“农有、农用、农享”的原则，围绕鲜活农产品，聚焦新型主体，相对集中布局，标准规范引领，农民自愿自建，政府以奖代补，助力降损增效，推动产地冷藏保鲜能力、商品化处理能力和服务带动能力显著提升。采取“先建后补、以奖代补”方式，支持在全国范围内推进农产品产地冷藏保鲜设施建设，并择优选择100个县开展农产品产地冷藏保鲜整县推进试点。支持对象为县级以上示范家庭农场和农民合作社示范社（832个脱贫县可不受示范等级限制），以及已登记的村集体经济组织。试点县可因地制宜鼓励农业龙头企业、农业产业化联合体，以及可有效实现联农带农、“农超对接”的相关市场主体，积极参与农产品产地冷藏保鲜设施建设。补助采取“双限”，补贴比例上限不超过冷藏保鲜设施建设总造价的30%（832个脱贫县放宽至40%），单个主体补助原则上不超过100万元，具体定额补贴标准由地方制定。对农民合作社获得的财政直接补助形成的资产要量化到全体成员并记载在成员账户中；对农村集体经济组织获得的财政直接补助形成的资产要量化为集体成员持有的股份。

22.农产品地理标志保护工程。围绕产品特色化、身份标识化和全程数字化，加强地理标志农产品特色种质保存和特色品质保持，推动全产业链标准化全程质量控制，提升核心保护区生产及加工储运能力。挖掘农耕文化，推动绿色有机认证，加强宣传推介，培育区域特色品牌。利用现代信息技术，强化标志管理和产品追溯。

六、新型经营主体培育

23.高素质农民培育。重点面向从事适度规模经营的农民，实施新型农业经营服务主体能力提升、种养加能手技能、返乡下乡者创业、乡村治理及社会事业发展带头人和农村实用人才带头人示范等培训，加快培养懂技术、善经营、会管理的高素质农民。鼓励有经验、有条件的农业企业、家庭农场和农民合作社参与实习实训等培训工作。

24.新型农业经营主体高质量发展。支持县级以上农民合作社示范社（联合社）和示范家庭农场改善生产条件，应用先进技术，提升规模化、绿色化、标准化、集约化生产能力，建设清选包装、烘干等产地初加工设施，提高产品质量水平和市场竞争力。鼓励各地为农民合作社和家庭农场提供财务管理、技术指导等服务。鼓励有条件的地方依托龙头企业，带动农民合作社和家庭农场，形成农业产业化联合体。

25.农业信贷担保服务。重点服务家庭农场、农民合作社、农业社会化服务组织、小微农业企业等农业适度规模经营主体。服务范围限定为农业生产及与其直接相关的产业融合项目，突出对粮食等重要农产品生产的支持。中央财政对政策性农担业务实行担保费用补助和业务奖补，支持省级农担公司降低担保费用和应对代偿风险，确保政策性农担业务贷款主体实际负担的担保费率不超过0.8%。

七、农业资源保护利用

26.草原生态保护补助奖励。在河北、山西、内蒙古、辽宁、吉林、黑龙江、四川、云南、西藏、甘肃、青海、宁夏、新疆等13省（自治区）以及新疆生产建设兵团和北大荒农垦集团有限公司实施草原生态保护补助奖励政策，补奖资金用于支持实施草原禁牧、推动草畜平衡，有条件的地方可用于推动生产转型，提高草原畜牧业现代化水平。

27.渔业发展补助。聚焦渔业资源养护、纳入国家规划的重点项目以及促进渔业安全生产等方面，重点支持建设国家级海洋牧场、现代渔业装备设施，以及国家级渔港经济区公益性基础设施更新改造和整治维护，开展集中连片内陆养殖池塘标准化改造和尾水治理，实施渔业资源调查养护和国际履约能力提升奖补等。支持实施渔业资源养护，继续在流域性大江大湖、界江界河、资源退化严重海域等重点水域开展渔业增殖放流，促进恢复或增加渔业种群的数量，改善和优化水域的渔业种群结构。

28.长江流域重点水域禁捕退捕。开展长江禁捕退捕财政补助资金监督检查，推动资金落实到位、安全规范有效使用。强化长江禁捕退捕资金落实情况定期调度，督促指导地方做好资金保障等相关工作，巩固长江禁捕退捕取得成果。

29.绿色种养循环农业试点。在畜牧养殖大省、粮食和蔬菜主产区、生态保护重点区域，选择基础条件好、地方政府积极性高的县（市、区），整县开展粪肥就地消纳、就近还田补奖试点，扶持一批企业（畜禽养殖企业除外）和社会化服务组织提供粪肥收集、处理、施用服务，以县为单位构建粪肥还田组织运行模式，带动县域内粪污基本还田，推动化肥减量，促进耕地质量提升和农业绿色发展。

30.农作物秸秆综合利用试点。在全国范围内整县推进，坚持农用优先、多元利用，培育一批产业化利用主体，打造一批全量利用样板县。激发秸秆还田、离田、加工利用等各环节市场主体活力，探索可推广、可持续的秸秆综合利用技术路线、模式和机制。

31.地膜回收利用。在内蒙古、甘肃和新疆支持100个县整县推进废旧地膜回收利用，鼓励其他地区自主开展探索。支持建立健全废旧地膜回收加工体系，建立经营主体上交、专业化组织回收、加工企业回收、以旧换新等多种方式的回收利用机制，并探索“谁生产、谁回收”的地膜生产者责任延伸制度。支持有条件地区集中开展适宜作物全生物可降解地膜替代和新疆棉区机械化回收农膜。

八、农业防灾减灾

32.农业生产救灾。中央财政对各地农业重大自然灾害及农业生物灾害的预防控制和灾后恢复生产工作给予适当补助。支持范围包括农业重大自然灾害预防及农业生物灾害防控所需的物资材料补助，恢复农业生产措施所需的物资材料补助，牧区抗灾保畜所需的储草棚（库）、牲畜暖棚和应急调运饲草料补助等。

33.动物疫病防控。中央财政对动物疫病强制免疫、强制扑杀和养殖环节无害化处理工作给予补助。强制免疫补助经费主要用于开展口蹄疫、高致病性禽流感、小反刍兽疫、布病、包虫病等动物强制免疫疫苗（驱虫药物）采购、储存、注射（投喂）以及免疫效果监测评价、人员防护等相关防控工作，以及对实施和购买动物防疫服务等予以补助；大力推进强制免疫“先打后补”。国家在预防、控制和扑灭动物疫病过程中，对被强制扑杀动物的所有者给予补助，补助经费由中央财政和地方财政共同承担。国家对养殖环节病死猪无害化处理予以支持，由各地根据有关要求，结合当地实际，完善无害化处理补助政策，切实做好养殖环节无害化处理工作。

34.农业保险保费补贴。在地方财政自主开展、自愿承担一定补贴比例基础上，中央财政对稻谷、小麦、玉米、棉花、马铃薯、油料作物、糖料作物、能繁母猪、奶牛、育肥猪、森林、青稞、牦牛、藏系羊和天然橡胶，以及稻谷、小麦、玉米制种保险给予保费补贴支持。扩大三大粮食作物完全成本保险和种植收入保险实施范围。继续开展中央财政对地方优势特色农产品保险奖补试点。

九、农村人居环境整治

35.因地制宜推进农村改厕。支持实施农村厕所革命整村推进财政奖补政策，分类有序推进农村厕所革命。充分发挥农民群众主体作用，加强农村改厕和农村生活污水治理统筹衔接，着力建立健全运行管护机制，切实提高农村改厕质量，务求长效管用。

参考文献

[1] 陈秧分等:《粮食适度经营规模的文献评述与理论思考》,《中国土地科学》2015年第5期。

[2] 冯颖等:《基于面板数据的有效灌溉对中国粮食单产的影响》,《资源科学》2012年第9期。

[3] 高云等:《中国粮食增产潜力影响因素分析》,《中国农学通报》2013年第35期。

[4] 郭琦等:《由2015年美国玉米高产竞赛结果探讨美国玉米育种》,《玉米科学》2016年第3期。

[5] 韩萍等:《美国玉米生产概述》,《中国农学通报》2008年第10期。

[6] 何蒲明等:《我国粮食综合生产能力分析——基于劳动投入与种粮收益的视角》,《农业技术经济》2014年第4期。

[7] 解伟等:《气候变化对中国主要粮食作物单产影响的文献计量Meta分析》,《中国人口·资源与环境》2019年第1期。

[8] 李琳凤等:《当前影响我国粮食生产的主要因素分析》,《中国流通经济》2012年第4期。

[9] 李少昆:《美国玉米生产技术特点与启示》,《玉米科学》2013年第3期。

[10] 刘时东等:《东北三省粮食生产区域变化及影响因素分析》,《中国农学通报》2014年第11期。

[11] 刘忠等:《基于经验模态分解的中国粮食单产波动特征及影响因素》,《农业工程学报》2015年第2期。

[12] 栾健等:《自然灾害对山东省粮食生产影响的实证分析》,《干旱区资源与环境》2016年第4期。

[13] 唐轲等:《农户耕地经营规模对粮食单产和生产成本的影响——基于跨时期和地区的实证研究》,《管理世界》2017年第5期。

[14] 田甜等:《未来中国粮食增产将主要依靠什么?——基于粮食生产“十连增”的分析》,《中国农村经济》2015年第6期。

[15] 温静等:《气候变化下中国粮食生产时空演变及影响因素》,《河南大学学报(自然科学版)》2020年第6期。

[16] 郑亚楠等:《中国粮食生产时空演变规律与耕地可持续利用研究》,《世界地理研究》2019年第6期。

[17] 朱满德等:《化肥施用强度对中国粮食单产的影响分析——基于省级面板数据的分位数回归》,《农业现代化研究》2017年第4期。

[18] 朱毅华:《转基因玉米发展对单产的影响及启示——以美国为例》,《农业技术经济》2008年第6期。